Alexander Riese

Die Idealisierung der Naturvölker des Nordens

in der griechischen und römischen Literatur

Alexander Riese

Die Idealisierung der Naturvölker des Nordens
in der griechischen und römischen Literatur

ISBN/EAN: 9783743473607

Hergestellt in Europa, USA, Kanada, Australien, Japan

Cover: Foto ©Thomas Meinert / pixelio.de

Weitere Bücher finden Sie auf **www.hansebooks.com**

Programm

des

städtischen Gymnasiums

zu

Frankfurt a. M.

Ostern 1875.

Die Idealisirung der Naturvölker des Nordens in der griechischen und römischen Literatur.
Von Professor Dr. Alexander Riese.
Schulnachrichten. Vom Director.

Frankfurt am Main.
Druck von Mahlau & Waldschmidt.
1875.

Die Idealisirung der Naturvölker des Nordens in der griechischen und römischen Literatur.*)

Zu den häufigst besprochenen Fragen der alten Literatur gehört auch die nach der Absicht, mit welcher Tacitus seine Germania verfasst haben möge. Dass diese Schrift das wichtigste Denkmal gerade über unsere Vorfahren ist, und dass sie wie man sich wohl ausdrückte »an moderne Denkart streift«: beides zusammen regte die Fragelust an und gab namentlich in früherer, historisch noch weniger geschulter Zeit zu manchen fast abenteuerlichen Beantwortungen Anlass. Wir dürfen Antworten der Art, wie dass Tacitus den Kaiser durch diese Schrift vom Krieg gegen die Germanen abschrecken, oder anderseits, dass er ihn gerade dazu antreiben wollte, ferner dass wir in der Germania nur Materialien für künftig beabsichtige Darstellungen besässen, heute wohl nur noch als Curiositäten nennen. Alle Ansichten, welche jetzt erwähnenswerth sind, halten sich zwischen zwei Extremen, einerseits nämlich der Meinung, dass die Germania lediglich ein geographisches und ethnographisches Werk und nur durch das allgemeine Interesse an Beschreibung von »situs gentium« (Tac. ann. IV. 33) hervorgerufen sei, und anderseits der Vorstellung, dass Tacitus die Deutschen den Römern gegenüberstellen und ihr Dasein in idyllischer oder elegischer oder romantischer oder romanhafter oder satirischer oder sonstwie tendenziöser Weise ausmalen wollte, um dadurch den Römern ein Ideal von Natur, Tugend und Glückseligkeit zu zeigen. Erstere Ansicht vertritt z. B. Kritz, die zweite Pallmann und Gerlach; die meisten Forscher, wie gesagt, nehmen eine Vereinigung von Beidem an — sie finden sich in sehr grosser Zahl, wenn auch nicht mit ganzer Unbefangenheit, besprochen bei Baumstark, Urdeutsche Staatsalterthümer (Berlin 1873) S. 58 ff. — und sehen eine besondere persönliche Disposition des Autors als den Grund an, weshalb er gerade die den Römern an

---

*) Der Gegenstand dieser Abhandlung in seinem ganzen Zusammenhang ist hier meines Wissens zuerst bearbeitet. Nur in dem ebenso gelehrten wie verständigen und klar geordneten Band III. 2 von Ukert's »Geographie der Griechen und Römer« fand ich einzelne der betreffenden Stellen der Alten im richtigen Sinne aufgefasst, allein bei weitem nicht alle, und auch die einzelnen ohne die Erklärung ihres inneren Zusammenhangs. Müllenhoff's treffliche »Deutsche Alterthumskunde« wird wohl in ihren künftigen Bänden auch dieses Thema zu behandeln haben. — Einiges aus der vorliegenden Abhandlung wurde bereits in einem Vortrage »die Beurtheilung der Germanen in der römischen Literatur« auf der allgem. Philologenversammlung zu Innsbruck am 29. September 1874 von mir mitgetheilt.

und für sich interessanten Germanen beschrieb, wobei aber die strenge Wahrheitsliebe des Autors, sein Streben die Sachen möglichst genau zu erfahren und möglichst wahrheitsgetreu darzustellen, jetzt bei aller Betonung mancher Schwächen und Unklarheiten kaum mehr von Jemanden in Abrede gestellt wird. Dazu kommt die Frage nach dem Verhältniss der Germania zu den Historiae. Ist sie (wie u. A. Becker 1830, Horkel 1849, Holtzmann 1873 meinen) geradezu ein Theil der verlorenen Bücher der Historiae, oder eine Vorarbeit zu denselben, oder ist sie aus den Vorarbeiten zu denselben, indem diese sich zu sehr erweiterten (so Eussner) oder indem ein anderer Grund zu ihrer schnelleren Veröffentlichung vorlag, herausgewachsen und zu einer eigenen Schrift geworden? Letztere Ansicht habe ich (Eos II, 1865 p. 193—203) zu begründen gesucht, sie ist seitdem von A. Eussner (Jahrbb. f. Philol. 1868 p. 650) und neuerdings auch von W. Teuffel (Röm. Lit.-Gesch. S. 749[II]) angenommen worden, und auch ich habe seitdem keinen Grund gefunden von ihr abzugehen. Danach gab der um 85 n. Ch. begonnene grosse Krieg der Römer gegen die Germanen und andere Völker längs der ganzen Donaugrenze Veranlassung zur Abfassung eines Excurses über die Germanen in den Historien; dieser kam in die uns verlorenen Bücher derselben; während er aber im höchsten Fall den Umfang von 12 bis 15 Capiteln haben konnte, verarbeitete Tacitus die Materialien für diesen Excurs gleichzeitig mit der Ausarbeitung der Historiae auch für die um so viel ausführlichere Specialschrift, welche dann 98 n. Ch. erschien. Ebenso machte es um dieselbe Zeit Arrian, indem er seiner ausführlichen Geschichte Alexanders d. Gr. noch die Ἰνδική als Specialschrift folgen liess, »welche sich gleichfalls auf Alexander bezieht« wie die Schlussworte lauten, und die in ihrer Anordnung eine gewisse Aehnlichkeit mit der Germania zeigt.

Diese hat nun ausser ihrer sachlichen Reichhaltigkeit auch jene oben erwähnte eigenthümlich subjective Färbung. Mir scheint es, als habe für letztere Horkel (Geschichtschreiber der deutschen Urzeit, I. pag. 636) das eigentliche treibende Motiv ausgesprochen in den Worten: »Was die Natur des Landes im Ganzen erkennen liess, was bezeichnend war für des Volkes Leben nach aussen und innen, und woraus man abnehmen konnte, aus welchen Quellen dieses Volk seine Kraft und seinen Muth schöpfte, das alles musste gesammelt werden« u. s. w. War dies aber wirklich das treibende Motiv, — und alles Einzelne stimmt damit überein und nichts widerspricht ihm --- so beruht diese Auffassung, diese Hochschätzung Germanischen Muthes und naturwüchsiger Kraft, ja die Furcht davor eben auf dem Gegensatz der *urguentia imperii fata* (Germ. 33; cf. ann. XI. 20. hist. IV. 26; 54).*) Das Reich war aber im Herabsinken, wie der aristokratische Tacitus meint, seit die alte libertas der gentilicischen Herrschaft dem obsequium gegen die Kaiser gewichen war. Zugleich war nach seiner Ansicht Rom jetzt und seit lange aller Schlechtigkeit und Verführung verfallen und hatte das frühere naturgemässe Leben gänzlich verlernt. Daher

---

*) Später, um 250, spricht schon Commodianus (apolog. 798 ff.) die bestimmte Prophezeiung aus, die Gothen würden einst Rom erobern!

fehlte Frieden und Glück. Er glaubte nun, nach einer dem menschlichen Gemüthe öfter eigenthümlichen Täuschung, alles hier vermisste Glück in der Ferne suchen zu sollen, bei jenen Naturvölkern, und so kommt es dass er ausser ihrer Kraft und ihrem Muth auch ihr Glück bewundert. Hier aber kommen wir sofort in das romantische Gebiet, — ich möchte nicht mit Baumstark sagen: das Gebiet des Romanhaften, weil man darunter eine bewusste Erfindung zu verstehen pflegt. Denn das Glück der Germanen, woher kannte er's? Wenn ihr Gegenbild, die Römer, unglücklich waren, mussten desshalb die anderen sich ungetrübten Glückes erfreuen? Nein; sondern diese Vorstellung geht eben aus des Schriftstellers subjectiver Empfindung hervor, sie ist eine romantische. Beispiele derselben anzuführen ist wohl kaum nöthig; zu den bekanntesten gehören etwa: *nemo illic vitia ridet nec corrumpere ac corrumpi saeculum vocatur* (c. 19); ferner *nec ulla orbitatis pretia* (20); *argentum et aurum propitiine an irati di negaverint dubito* (5); *saepta pudicitia agunt, nullis spectaculorum inlecebris, nullis conviviorum inritationibus corruptae* (19); *ea cura formae, sed innoxia* (38); *dotem non uxor marito, sed uxori maritus offert* (18) u. a., welche alle das Glück, die Sittenreinheit, und — wie »*pares validaeque miscentur, ac robora parentum liberi referunt*« (20) — die Kraft des Volkes dort (»*illic*« »*ibi*«) im bestimmten Gegensatz zu Rom beschreiben. Die Quellen der Kraft und des Muthes der Germanen: dahin gehört aber für einen römischen und wahrheitsliebenden Autor auch die Grenze ihrer Kraft und ihres Muthes, welche sich in Sätzen äussert wie *laboris atque operum non eadem patientia? minimeque sitim aestumque tolerare . . adsuerunt* (c. 4); *si indulseris ebrietati, haud minus facile vitiis quam armis vincentur* (23), und in dem berühmten Wunsche *maneat quaeso duretque gentibus . . . odium sui, quando urguentibus iam imperii fatis nihil iam praestare fortuna maius possit quam hostium discordiam* (c. 33); ihre Trägheit, Trunksucht, Spielsucht, Jähzorn, Uneinigkeit hebt er klar hervor, — nicht als Parteigänger des Kaiserthums, sondern einfach als patriotischer Römer. Wie wenig er der Richtung in der Beschreibung der Deutschen hold war, welche ich die »kaiserliche Tendenz« nenne und deren Schilderung ich auf eine andere Gelegenheit verschieben muss, — der Richtung, welche die Germanen nur als unversöhnliche Feinde ansieht und sie als die Besiegten mit Verachtung und stolzem Siegesjubel, ihre Siege aber als Wirkung hinterlistigen Verraths bespricht, — in wie klarbewusstem Gegensatz sich Tacitus dazu wusste, zeigen u. a. einige ironische Stellen. Seit dem ersten Einfall der Cimbern bis jetzt sind 210 Jahre verflossen; *tam diu Germania vincitur* (c. 37): d. h. nicht nur »so lange versuchen wir Germania zu besiegen, ohne das Ziel noch erreicht zu haben«, wie man die Worte meist auffasst, sondern geradezu: »so lange wird Germania besiegt, wenn man nämlich den Siegesberichten Glauben schenken darf; scil. und doch ist es noch unbesiegt, also sind jene Berichte erlogen«. Gerade so am Schluss des Capitels: *triumphati magis quam victi sunt*, auf die Zeiten Domitians bezüglich, aber auch mit ironischem Anklang an Schriftsteller jener kaiserlichen Tendenz gesagt, wie z. B. an Ovid Am. I. 14, 46, welcher die Germanen »*triumphata gens*« nennt.

Soviel hiervon genüge für jetzt, ich kehre zurück zu der idealisirenden Auffassung der Deutschen. Wie kam Tacitus hierzu? Die gewöhnliche, schon oben angedeutete Antwort lautet: die Unbefriedigtheit mit den römischen Verhältnissen, die Knechtschaft der Kaiserzeit, das Unbehagliche der Uebercultur liess ihn den wohlthuenden Gegensatz dazu in dem Glück, der Freiheit, dem naturgemässen Leben der Germanen finden. Am gesteigertsten findet sich diese Auffassung ausgesprochen in c. 46, wo nach Beschreibung der fast thierischen Bedürfnisslosigkeit der *Fenni* Tacitus ihnen folgendes Lob spendet: *securi adversus homines, securi adversus deos rem difficillimam adsecuti sunt, ut illis ne voto quidem opus esset.* — In der That ist jene Auffassung in ihren allgemeinen Grundzügen richtig. Nicht beitreten aber kann ich ihr in ihrer speciellen Durchführung, bei welcher man behauptet, gerade in übercivilisirten (und oft dazu: in politisch unglücklichen) Zeiten entstehe jene krankhafte Sucht nach naturgemässen Zuständen, aus welcher heraus des Tacitus Germania eben so gut wie manche weiter unten berührte Erscheinungen des achtzehnten Jahrhunderts zu erklären seien. Bedarf es denn zu der Vorstellung, dass das Glück in der Ferne wohne, dass die Menschen dort besser seien als in der beengenden eigenen Umgebung, wirklich erst der Uebercivilisation und politisch fauler Zustände? Liegt es nicht in der menschlichen Natur überhaupt begründet, ein Glück, welches sie in sich nicht findet, (und kein Mensch ist ja vollkommen glücklich) anderswo zu vermuthen? Woher stammt sonst der zu allen Zeiten vorhandene Glaube an die gute alte Zeit, woher kommen die stets zahlreichen *laudatores temporis acti?* Zu allen Zeiten war die Stimmung bekannt, welche in ferner Vergangenheit oder in ferner Zukunft oder in räumlich entlegenen Ländern Menschen und Verhältnisse in idealer Verklärung sieht. Bei phantasiereichen Völkern oder Individuen konnte diese Stimmung sogar auf das poetische Schaffen oft herrlich einwirken. Auch der urkräftige Wandertrieb jugendlicher Völker, ja selbst das Rühmen in der Ferne Selbsterlebten kann zu dieser Verherrlichung des Entlegenen beitragen. Aber freilich, um auf die gewöhnliche Ansicht zurückzukommen, in Zeiten, welche ganz besonders dazu angethan sind, den Lebenden die Unbehaglichkeit ihres Looses fühlbar zu machen, wird auch jene sehnsüchtige Stimmung eine besondere Kraft und Lebhaftigkeit gewinnen. Man ist in der Regel geneigt, dieselbe dem klassischen Alterthum abzusprechen; man hält sie für romantisch und findet dann, dass die Germania des Tacitus an moderne Empfindungsweise streife. Auf die älteren Quellen dieser Taciteischen Weise ist nur Köpke (s. u.), und dieser wie ich denke in unrichtiger und auch unvollständiger Weise zurückgegangen. Ich gedenke nun einen historischen Beweis zu liefern, dass durch alle Zeiten des Alterthums hindurch, von Homer bis auf Tacitus, die Idealisirung der Naturvölker des entlegenen Nordens, sogar genauerer Kenntniss zum Trotz, stattfand; und wenn sie auch bei Tacitus quantitativ am stärksten erscheint, so ist sie doch in einer grossen Zahl von Autoren aller Zeiten deutlich zu erkennen, welche wir nun in diesem Zusammenhang betrachten wollen. *)

---

*) Das Buch von A. Geffroy: Rome et les barbares, Etude sur la Germanie de Tacite (Paris 1873) ist mir nicht bekannt geworden.

I.

Unsere erste Aufgabe ist, die Idealisirung der Skythen darzustellen; die zweite, den Uebergang derselben auf die Germanen aufzuklären.

Schon die Homerischen Gedichte enthalten die Vorstellung von einer besseren, gerechteren, glücklicheren Existenz der Menschen, welche entweder in früherer kräftiger Zeit (man denke an das mehrfache wehmüthige οἷοι νῦν βροτοί εἰσιν) oder fern von der bekannten griechischen Welt in weit entlegenen Völkern lebten. Vielfach ist dies bei Homer mit mythischen Anschauungen verbunden, wie z. B. in der Erzählung von den frommen und glücklichen Phäaken, welche auf der Insel Scheria im weiten Meere ἑκὰς ἀνδρῶν ἀλφηστάων (ζ 8), »fern von den erfindungsreichen (?), betriebsamen Menschen« leben. Fast wird man dabei schon an den Gegensatz von Cultur und Naturglück erinnert, s. u. Ebenso gehört dahin das Elysische Gefilde an den Grenzen der Erde (πείρατα γαίης, δ 561), »wo das Leben leicht dahin fliesst, wo weder Schnee noch Sturm oder Regen herrscht, sondern kühlender Zephyr vom Okeanos her weht, und wo der gerechte Rhadamanthys regiert«.*) Aber auch die Aethiopen sind für Homer noch ein mehr als halb mythisches Volk; sie wohnen als ἔσχατοι ἀνδρῶν (α 23) fern am Aufgang und Untergang der Sonne, oder am Ufer des Okeanos (Ψ 205); die Götter verkehren bei ihnen und nehmen die Opfergaben des frommen Volkes gern an. Und wie anziehend ist das Land der Lotophagen, wo die Gefährten des Odysseus sich verleiten lassen wollten zu bleiben und der Heimkehr zu vergessen(ι 97)! In Erinnerung an solche homerische Schilderungen nannte man auch später bei genauerer Fixirung der geographischen Begriffe die afrikanischen Aethiopier die »grössten, schönsten und am längsten lebenden der Menschen«,**) die Lotophagen an den Syrten aber »gastfreundliche Leute«.***)

In ganz andere Regionen führt uns dagegen eine Stelle der Ilias, welche für unsern Gegenstand von noch grösserer Wichtigkeit ist. Als Zeus den Kampf der Heere an dem

---

*) Die Frage nach dem Ursprung der einzelnen homerischen Stellen berühre ich nicht, da sie ebenso schwierig als für meinen Zweck gleichgültig ist. Vgl. zu obigen Stellen Müllenhoff's deutsche Alterthumskunde Bd. I. (Berlin 1870) S. 46 ff.

**) Ἄνδρας μεγίστους καὶ καλλίστους καὶ μακροβιωτάτους Her. III. 114; sowie mit etwas anderer Färbung dieser Idealisirung Mela III. 85: *pulchri forma, aequi corporis, parumque renerati opes, veluti optimarum alumni virtutum.* Nikolaos von Damaskus frg. 142 M.: Ἀσκοῦσι δὲ εὐσέβειαν καὶ δικαιοσύνην. ἄθυροι δ' αὐτῶν αἱ οἰκίαι, καὶ ἐν ταῖς ὁδοῖς κειμένων πολλῶν οὐδὲ εἷς κλέπτει. Favorinus frg. 40 M.: Αἰθίοπες πρῶτοι καὶ θεοὺς ἐτίμησαν καὶ νόμοις ἐχρήσαντο.

***) Λωτοφάγοι ναίουσι, φιλόξεινοι γεγαῶτες Dionys. Per. 206.

Schiffslager sich selbst überlassen wollte, wendete er seine Blicke davon ab, und, sagt der Dichter (N 3—6)

αὐτὸς δὲ πάλιν τρέπεν ὄσσε φαεινώ,
νόσφιν ἐφ' ἱπποπόλων Θρῃκῶν καθορώμενος αἶαν,
Μυσῶν τ' ἀγχεμάχων καὶ ἀγαυῶν Ἱππημολγῶν
γλακτοφαγῶν Ἀβίων τε, δικαιοτάτων ἀνθρώπων.

In die Regionen des Nordens führt diese Stelle, wo es im Gegensatz zu jenem wogenden Kampf und Streit der nahen Völker noch »sehr gerechte Menschen« gab, noch weit über die Thraker hinaus; denn das Melken der Stuten und das »Milch essen« ist nicht etwa ein erfundener Zug, sondern geschah bei den Skythen zur Zeit Herodots (IV. 2), im ganzen Alterthum, und geschieht bei den Kalmüken und anderen Nomaden der Steppen nordöstlich vom schwarzen Meere noch jetzt. Ohne nach dem Grund der allerdings sehr auffallenden Erscheinung zu fragen, wie der homerische Dichter zu der Kenntniss dieser entlegenen Gegenden kam,*) sowie ohne die Ansichten der Alten über den Namen Ἄβιοι zu wiederholen, betone ich nur, dass Homer diese »trefflichen Stutenmelker, die Milchessenden« auch als »die gerechtesten der Menschen« pries. Wenn nun die homerischen Gedichte die Quelle für einen sehr grossen Theil der poetischen Vorstellungen des ganzen Alterthums bilden, so ist insbesondere diese Stelle (die ich noch nirgends in diesem Sinne erwähnt finde) die Quelle der späteren romantischen Verherrlichung der Skythen und überhaupt der nördlichen Naturvölker. Diese werde ich verfolgen, ohne mich im Uebrigen auf vollständige Charakterisirung dieses Volkes einzulassen. Wie Homer dazu kam, während doch von den Skythen viele Züge äusserster Rohheit und Wildheit bekannt sind, sie so hoch zu preisen, bescheiden wir uns nicht zu wissen: zum Theil eben weil das Volk ein sehr entlegenes war.**) Nicht etwa dürfte man glauben, dass die Vorstellung von den Hyperboreern mitgewirkt habe, die Skythen des Nordens zu den »Gerechtesten« zu machen; denn Ilias und Odyssee kennen weder die Hyperboreer noch sind ihnen die Cultusstätten schon von Bedeutung, an welche sich diese Sage knüpft, ja von welchen sie ausgeht: Delos und Delphi.***)

---

*) Seine sonstigen Nachrichten gehen am schwarzen Meere nicht über die Paphlagonen und Alybe hinaus (B 851. 857. N 661).
**) Eine andre von dem Worte εὔνομος ausgehende Deutung s. u. S. 11††.
***) Dass der Name Hyperboreer sich ursprünglich speciell auf Leute bezieht, die von Norden her nach Delphi zur Verehrung Apollons wanderten, glaube ich mit allem Vorbehalt schliessen zu dürfen aus Schol. Apoll. Rhod. II. 675, in welcher wichtigen und gelehrten Stelle es auch heisst: τρία δὲ ἔθνη ἐστὶ τῶν Ὑπερβορέων, Ἐπιζεφύριοι καὶ Ἐπικνημίδιοι καὶ Ὀζόλαι. Jeder sieht, dass hier die drei Stämme der Lokrer genannt sind. Wie nun, wenn zuerst die Λοκροί der Ilias, d. h. die eigentlichen, die Epiknemidischen Lokrer, welche gerade nördlich von Delphi jenseits des Parnassos wohnten, von Delphi aus als »Hyperboreer« bezeichnet wurden? Waren diese dann einmal mit den Lokrern gleichbedeutend, so konnte später auch dieselbe Dreitheilung auf beide angewandt werden. Ein Hyperboreer Pagasos (in den Epen der Boio, Paus. X. 5, 8) erinnert an das thessalische Pagasä, zeigt uns also denselben Weg von Norden nach Delphi. Auch wird von Philostephanos frg. 33 M. (schol. Pind. ol. 3, 28) ein Thessalier Hyperboreos zu ihrem

Von Homer zu Hesiodos übergehend finden wir zunächst den Glauben an eine glücklichere Vergangenheit, den jener nur andeutet, in der Darstellung der vier Zeitalter sehr ausgebildet; ferner die Verlegung glücklicher Zustände in recht entlegene Länder. Seine »Inseln der Seligen« sind so geschildert, dass sie an das Elysische Gefilde Homers erinnern (O. D. 167 ff.); dort wohnen die Heroen am Ende der Erde ($\pi\epsilon i\rho\alpha\tau\alpha\ \gamma\alpha i\eta\varsigma$) fern von den Menschen am Rande des Okeanos, führen ein sorgenloses Leben und geniessen des Segens, welchen ihnen das Land ohne jede Mühe spendet. Bekanntlich wurde später auch diese Gegend in den canarischen Inseln u. a. fixirt; auch Erytheia, worin Eratosthenes das Inselchen von Gades sah, ist eine solche $\nu\tilde{\eta}\sigma o\varsigma\ \epsilon\dot{v}\delta\alpha i\mu\omega\nu$.*) Und was die nördlichen Völker betrifft, so sind dem Hesiodos — dessen Heimath von Delphi nicht entfernt lag — die Hyperboreer bekannt, ohne dass wir darüber Genaueres wüssten, als dass nach Herodot IV 32 »Hesiodos und auch Homeros in den Ἐπίγονοι, wenn dieses Gedicht wirklich Homeros gedichtet hat, von den Hyperboreern sprachen« (fg. 198 Göttl.), während etwa gleichzeitig der homerische Hymnus auf Dionysos (7, 28) sie schon als sehr entfernt bezeichnet: ἔλπομαι, ἢ Αἴγυπτον ἀφίξεται ἢ ὅγε Κύπρον ἢ ἐς Ὑπερβορέους ἢ ἑκαστέρω. Was diese frühesten Dichtungen über die Hyperboreer enthielten, wissen wir nicht; ihnen folgte der Paean des Alkaeos (frg. 2. B.), der delische Hymnus des Olen (Her. IV 35) und die Beschreibung des Aristeas von Prokonnesos, der sie (ib. IV 13) als friedliebend bezeichnete: gewiss wurde ihre Glückseligkeit und Frömmigkeit, ihre Gerechtigkeit und Fröhlichkeit, ihre Feste und ihre lange Lebensdauer schon in diesen Schilderungen erwähnt. Nach schol. Aesch. Prom. 793 wurden sie, wie bei Homer die Aethiopen, von den Göttern besucht.

Die Ausdeutung, speciell die geographische Fixirung der homerischen Angaben begann ausserordentlich früh. Einzelne Oertlichkeiten mag der Dichter selbst im Auge gehabt haben; in anderen Fällen sind es die hesiodeischen Epiker, die damit den Anfang machten. Nach fg. 194 versetzte Hesiod bereits die von Odysseus durchirrten Gebiete nach Italien und Sicilien, fand er in der Odyssee den Aetna, die Insel Ortygia, die Tyrrhener; nach fg. 196 lag ihm die Insel der Kirke an der Küste von Tyrrhenia. Kann es uns da wundern, wenn auch die Stelle der Ilias (s. oben) von den ἀγαυῶν Ἱππημολγῶν γλακτοφάγων Ἀβίων τε, δικαιοτάτων ἀνθρώπων von den hesiodeischen Dichtern weiter verarbeitet wurde, und sie die durch die zu ihrer Zeit schon geschehenen ersten Anfänge einer Colonisirung der Küsten des Pontus Euxinus gewonnenen etwas genaueren Kenntnisse von

---

heros eponymus gemacht. Mnaseas fg. 21 (in schol. Apoll. l. c.) erzählt, die Hyperboreer würden jetzt Δελφοί genannt; vgl. auch Cic. de nat. deor. III 57. — Die Alten überliefern uns übrigens seit Herodot mehr von dem Hyperboreerglauben in Delos, doch mag dies mehr zufällig sein. Der älteste Gesang, der des Alkaeos, schliesst wenigstens an Delphische Sage an.

*) Strab. III 148. Die Inseln Μακάρων bei Tenedos (Mela II 100) möchten vielleicht auf einen phönikischen Ursprung derartiger Sagen zurückdeuten? vgl. Müllenhoff a. a. O. S. 65 ff.

Land und Leuten verwertheten? So finden wir*) in fg. 189 — Γλακτοφάγων εἰς αἶαν, ἀπήναις οἰκί᾽ ἐχόντων — und in fg. 190 — Αἰθίοπάς τε Λίγυς τε ἰδὲ Σκύθας ἱππημολγούς — im ersteren einen weiteren charakteristischen Zug aus dem Leben der Nordvölker, das Wohnen in Wagen, im zweiten aber zum ersten Male den Namen Skythen angegeben. Beide aber beruhen, wie der Wortlaut aufs deutlichste zeigt, auf der homerischen Stelle; ja wir können sogar erkennen, dass Hesiod dort ἱππημολγῶν als Adjektiv, Γλακτοφάγων aber als das nomen proprium fasste, was freilich durch die homerische Wortstellung nicht empfohlen wird. Ist nun in der Ilias schon wirklich an das skythische Nomadenvolk zu denken, so ist dies dem Hesiod noch genauer bekannt und kam insbesondere in der Zwischenzeit der (nach Herodot IV 6) griechische Namen Σκύθαι auf, den Homer noch nicht gekannt haben mochte. Auch die im Skythenland vermutheten Greife (γρῦπες) nennt Hesiod zuerst, frg. 191. — Von den gerechten Abiern ist uns leider keine hesiodeische Stelle überkommen: wir würden sonst auch da wohl eine genauere Fixirung finden und auch sie als Skythen anerkannt sehen. So wie die Sache aber liegt, können wir freilich nicht einmal das mit Bestimmtheit sagen, ob der homerische Dichter Ἀβίων als nomen proprium oder ἄβιων als Adjectivum verstanden wissen wollte: denn bei der grossen Dunkelheit der Sache in diesen ältesten Zeiten ist natürlich aus den zahlreichen Erklärungsversuchen späterer Grammatiker nichts für den alten Dichter selbst zu schliessen, und ebensowenig aus der bald zu erwähnenden Stelle des Aeschylos; der einzige erlaubte Rückschluss ist folgender: da wir bald bei den folgenden Schriftstellern die Gerechtigkeit der Skythen rühmen hören, und da Homers ἱππημολγοί oder γλακτοφάγοι in ihrem Namen auf Sitten hinweisen, die wir später bei den Skythen wirklich finden, — so sah man also schon in sehr alter Zeit das δικαιότατοι auch als ein Prädikat eben jener ἱππημολγοί und γλακτοφάγοι an, sei es nun, dass man in ἄβιοι nur ein weiteres Epitheton ebendesselben Volkes erblickte (an dessen Erklärung man sich, wie es die Scholien zu der Stelle sattsam bezeugen, weidlich abmühete), oder sei es vielmehr, dass man wie Aeschylos in Ἄβιοι einen neuen Volksnamen sah, der aber ein dem vorhergehenden verwandtes Volk bezeichne, und dann das δικαιότατοι auf beide Völker zugleich bezog.

Doch wie dem auch sei in diesem Gewirre von Meinungen, jedenfalls hatten die Skythen, mit welchen die Hellenen bald in nähere Verbindung kamen, seit im 8. Jahrh. v. Chr. die ersten Pontuscolonien gegründet wurden, den Vortheil davon, von den Griechen mit günstigem Vorurtheil betrachtet zu werden. Und dies hielt auch Stand, trotzdem sie in anderen Mythen, wie z. B. in dem von Iphigenia und Orestes, als grausame Barbaren

---

*) Strabo VII 302: Ἔφορος .. φησὶν .. Ἡσίοδον ἐν τῇ καλουμένῃ γῆς περιόδῳ τὸν Φινέα ὑπὸ τῶν Ἁρπυιῶν (φήσαντα) ἄγεσθαι 'γλακτοφάγων ff. — Strabo VII 300: ὅτι γὰρ οἱ τότε τούτους (τοὺς Σκύθας) ἱππημολγοὺς ἐκάλουν, καὶ Ἡσίοδος μάρτυς ἐν τοῖς ὑπ' Ἐρατοσθένους παρατεθεῖσιν ἔπεσιν Αἰθίοπας ff.

erschienen*) und ebenso der wirkliche Verkehr sie vielfach als höchst roh, wild und schlecht, träge, schmutzig und trunksüchtig erscheinen liess. Doch bildete wiederum das Auftreten des skythischen Weisen Anacharsis zu Solons Zeit ein wirksames Gegengewicht gegen Geringschätzung.**) Besonders die Dichter folgen meist der von Homer angeregten Betrachtungsweise, doch nicht ohne Ausnahmen;***) in der Prosa finden wir unter den Geschichtschreibern verschiedene Richtungen, je nachdem sich dieselben durch Reisen und wirkliche Weltkenntniss ihre Ansicht über die Völker bildeten, oder mehr in der Welt der Bücher und Phantasieen lebend der homerischen Tradition folgten. Zu ersteren rechne ich hier insbesondere Herodot, zu letzteren Ephoros. Eine Vermischung der Vorstellungen von Skythen und von Hyperboreern tritt bereits bei Hellanikos, ja bei Aeschylos ein; jede von beiden Vorstellungen aber hat auch dann noch ihre nicht uninteressante Entwickelung, und mehr und mehr tritt als romantisches Land der Norden†) an die Stelle des homerischen Westens.

    Aeschylos folgt der homerischen Tradition: er erwähnt die Skythen mehrmals ihrer Gerechtigkeit wegen. Die Stellen sind folgende. Fg. 192 Nauck. (bei Strabo VII 301): ἀλλ' ἱππάκης βρωτῆρες, εὔνομοι Σκύθαι. Der Dichter bezieht also sowohl das homerische γλακτοφάγοι als auch δικαιότατοι auf die Skythen.††) Ferner Eum. 703 ff., wo Athene die Einsetzung des Areopags mit den Worten begleitet, Athen werde damit einen Schutz des Rechtes und der Wohlfahrt erhalten

οἷον οὔτις ἀνθρώπων ἔχει,
οὔτ' ἐν Σκύθαισιν οὔτε Πέλοπος ἐν τόποις.

Sparta und das Skythenland sind auch hier als die Wohnsitze der Gerechtigkeit gerühmt, welche nur der Athenische Areopag übertreffen wird! Hier wird sich passend auch ein bei Strabo VII p. 303 erhaltenes Fragment des Epikers Choerilos, eines Zeitgenossen des Euripides, anreihen:

---

    *) Nur die Tauri verdanken es diesem Mythus, dass sie im ganzen Alterthum wohl ohne Ausnahme aufs Schlimmste berüchtigt sind als roh, grausam, räuberisch, blutgierig, ungastlich u. s. w. So wohnten ja schon im homerischen »Lande Jenseits,« der Hypereia, die milden Phäaken und die wilden Kyklopen als Nachbarn (ζ 4)!
    **) Um dessen willen erkennt nicht nur Curtius VII 8, 9 die Weisheit der Skythen an sondern nennt sie sogar noch Augustin de civ. dei VIII 9 unter den Völkern, welche ächte Weisheit kannten. cf. Strab. VII. 301.
    ***) Wie z. B. Anakreon, wenn er (frg. 64 B.) von der Σκυθική πόσις, dem unmässigen Trinken, mit Abscheu spricht.
    †) Als Insel der Seligen (Μακάρων) erscheint daher auch Leuke im schwarzen Meere (Plin. IV 93).
    ††) Denn so ist mit Strabon εὔνομοι jedenfalls zu erklären »mit guten Gesetzen.« nicht aber, wie es auch geschieht, »mit guten Weideplätzen«. Sagt doch noch Athenäus XII. 524 c.: μόνον δὲ νόμοις κοινοῖς πρῶτον ἔθνος ἐχρήσατο τὸ Σκυθῶν. Sollte aber vielleicht eine ähnliche Verwechslung schon im ersten Ursprung das »gerechteste Volk« aus einem »Volke mit trefflichen Weideplätzen« gemacht haben? Als Frage nur stelle ich dies hierher.

μηλονόμοι τε Σάκαι, γενεῇ Σκύθαι· αὐτὰρ ἔναιον
Ἀσίδα πυροφόρον. νομάδων γε μὲν ἦσαν ἄποικοι,
ἀνθρώπων νομίμων.

Aber auch die homerischen Abier führt Aeschylos an, wenn er auch ihren Namen, wie Stephanus Byz. s. v. angibt, in Γάβιοι verwandelte, was wir wahrscheinlich auf einen etymologisirenden Erklärungsversuch zurückführen müssen.*) Er sagt im Προμηθεὺς λυόμενος (fg. 190 N.):

ἔπειτα δ' ἥξεις δῆμον ἐνδικώτατον
[βροτῶν] ἁπάντων καὶ φιλοξενώτατον,
Γαβίους, ἵν' οὔτ' ἄροτρον οὔτε γατόμος
τέμνει δίκελλ' ἄρουραν, ἀλλ' αὐτόσποροι
γύαι φέρουσι βίοτον ἄφθονον βροτοῖς.

Hier finden wir die Gerechtigkeit der homerischen Abier — und die Gastlichkeit, ein Zug, der sonst weder an Skythen noch an Hyperboreern gerade hervorgehoben wird und dessen Ursprung (vom εὔξεινος πόντος?) noch zu untersuchen bleibt — vereint mit der Schilderung der lieblichen Fruchtbarkeit des Landes (der Skythen!), wie sie früher von den Inseln der Seligen (s. o.), gleichzeitig aber durch Pindaros vom Lande der Hyperboreer gepriesen wird. Hier zum ersten Mal also tritt die Verwechslung der Skythen und der Hyperboreer ein, welche bald grössere Bedeutung erlangen wird. Die letzteren selbst erwähnt Aeschylos als die Glücklichsten der Wesen Choëph. 373:

μεγάλης δὲ τύχης καὶ ὑπερβορέου
μειζόνα φωνεῖς

und verlegt ihre Wohnsitze an die Quellen des Istros und die Rhipäischen Berge (fg. 191, siehe unten). —

Pindaros. Pindaros aber beschreibt im vollen Glanze seiner grossartigen Rede die Hyperboreer, das Volk Apollons an den schattigen Quellen des Istros (Ἴστρου ἀπὸ σκιαρᾶν παγᾶν Ol. 3, 14), wie er in Uebereinstimmung mit Aeschylos angibt, in der zehnten Pythischen Ode. Apollon freut sich ihrer Festfeier (sie opfern ihm κλειτὰς ὄνων ἑκατόμβας), die Muse ist nicht fern von ihnen, überall schweben Reigen der Jungfrauen, ertönt Schall der Flöten und Klang der Lyra; sie schmausen fröhlich, mit goldnem Lorbeer bekränzt. Nicht Krankheit noch Alter**) kennt dies heilige Geschlecht; ohne Mühen und Kämpfe wohnen die Glückseligen, der Nemesis nicht unterworfen (pyth. 10, 33—46); weder zu Land noch zur See sind sie den Menschen zugänglich (v. 29). — Den Heroen ähnlicher als den

---

*) Etwa als γα-βιοι, die von der Erde (den Feldfrüchten) aber nicht vom Fleische Lebenden? Dies sagt Hellanikos von den Hyperboreern, Ephoros aber von den Skythen. Die Erklärungen der Alten s. in Schol. und Eustath. zu Il. N 6.

**) Daher sagt Strabon XV 711: περὶ δὲ τῶν χιλιετῶν Ὑπερβορέων τὰ αὐτὰ λέγει (ὁ Μεγασθένης) Σιμωνίδῃ καὶ Πινδάρῳ καὶ ἄλλοις μυθολόγοις. Dieser M. liess übrigens die Hyperboreer in Indien wohnen.

Menschen, in einigem an die Phäaken erinnernd, erscheinen uns hier die Hyperboreer in unbekannter Ferne, an den »schattigen« d. h. im hohen Norden gelegenen mythischen Quellen des Istros, dessen wirklicher Lauf noch unbekannt war, jedenfalls unbeachtet blieb, dessen vermutheter Lauf aber oft mit dem des Nil verglichen wurde: dieser kam vom Süden und so jener vom Norden (vgl. Her. II 33 u. a.), beide aus unbekannten Quellen. Der homerische Hymnus hatte diese noch lediglich als »sehr entfernt« bezeichnet; Aeschylos fg. 191 ihr Land als dem Skythischen benachbart geschildert.

Gleichzeitig lebte der Logograph Hellanikos von Mitylene; und gleichwie die erhabene Dichtungsweise der Zeit mit Vorliebe bei so grossartigen, aber psychologisch wenig verwerthbaren Anschauungen verweilte, so finden wir auch von Hellanikos jenes Volk erwähnt. Clemens von Alexandria berichtet von ihm:*) τοὺς δὲ 'Τπερβορέους 'Ελλάνικος ὑπὲρ τὰ 'Ριπαῖα ὄρη οἰκεῖν ἱστορεῖ· διδάσκεσθαι δὲ αὐτοὺς δικαιοσύνην, μὴ κρεωφαγοῦντας ἀλλ' ἀκροδρύοις χρωμένους. Er gab also vielleicht auch einen ausführlicheren Bericht über sie. Ihren Wohnsitz gibt er ebenso an wie Aeschylos; der Scholiast zu Apoll. Rhod. IV. 284 bemerkt nämlich: τὸν "Ιστρον φησὶν ἐκ τῶν 'Τπερβορέων καταφέρεσθαι καὶ τῶν 'Ριπαίων ὀρῶν. οὕτω δὲ εἶπεν ἀκολουθῶν Αἰσχύλῳ ἐν λυομένῳ Προμηθεῖ λέγοντι τοῦτο (fg. 191 N.). Dieses Rhipäengebirge aber war das nördlichste der Erde, das »nächtliche;« so bezeichnet es Alkman in der ältesten Erwähnung desselben (frg. 51 Bgk.) als 'Ρίπας ὄρος ἄνθεον ὕλᾳ, Νυκτὸς μελαίνας στέρνον, so Sophokles (Oed. Col. 1248): νυχιᾶν ἀπὸ 'Ριπᾶν. Darauf dachte man sich damals die »schattige« Quelle des Istros (s. o.), und dann jenseits desselben die Hyperboreer im schönsten Lichte wohnend (vgl. Excurs). — διδάσκεσθαι δὲ (ἀσκεῖν δὲ hat Theodoretos) δικαιοσύνην: in diesen Worten, welche aus Homers δικαιότατοι herzuleiten sind, vereinigt Hellanikos Skythen und Hyperboreer, wie es auch Aeschylos that. — »Sie essen kein Fleisch, sondern leben von Baumfrüchten:« wie verhält sich dies zu dem homerischen γλακτοφάγοι? Homer will mit letzterem nur eine den Griechen auffällige Sitte, die des Käse- und Butteressens bezeichnen, nicht aber sagen, dass das Volk sich aller andern Nahrung enthielt, und es wäre bei einem so heerdenreichen Volk auch die Verschmähung der Fleischnahrung jedenfalls sehr unwahrscheinlich. Ich vermuthe, dass auf diese neue Art von Heiligkeit oder Gerechtigkeit die damals blühende pythagoreische Lehre von Einfluss war. Pythagoras lehrte bekanntlich, es sei gut, sich der Fleischspeise zu enthalten; er stand aber auch zu dem Hyperboreermythus persönlich soweit in Beziehung, dass man ihn den Ἀπόλλων ἐξ 'Τπερβορέων ἀφιγμένος nannte.**) Man kann also wohl das pythagoreische Ideal auf die idealisirten Naturvölker übertragen haben; es wird dies um so wahrschein-

---

*) Stromat. I p. 305 c. woraus die Stelle bei »Theodoretus de Graecorum affectibus curandis disp. XII vol. IV p. 1024 sq. ed. Schulz« wie C. Müller Fragm. Histor. gr. 1 p. 58 augibt, und zwar mit dem Zusatz Ἑλλάνικος ἐν ταῖς Ἱστορίαις, wiederholt ist (fg. 96 M.). Auch Damastes, des Hellanikos Schüler (Suidas s. v.) versetzte die Hyperboreer in das Rhipäische Gebirge (Steph. Byz.).

**) Aristot. bei Ael. V. H. II 26. Diog. Laert. VIII 1, 11. u. a.

licher, wenn sich bald zeigen wird, dass man eine andere pythagoreische Forderung, nämlich die der Gütergemeinschaft, ebenfalls bei den Skythen verwirklicht glaubte. So wirkten zeitgenössische Motive ein; vgl. noch Herodot über die Argempäer, s. u.

Ehe wir zu der ausführlichen Beschreibung der Skythen durch Herodot übergehen, gebe ich eine Uebersicht der bisherigen Entwicklung. In der Ilias finden wir: ein sehr gerechtes Volk, die »Abier«, Stutenmelker, Käseesser. Bei Hesiod ist der Name der Skythen und das Wohnen auf Wagen (Nomadisiren) hinzufügt. Hesiod und die homerischen Hymnen kennen die fernen Hyperboreer. Während Anakreon die rohe Trunksucht der Skythen bereits tadelt, preist Aeschylos die gerechten, käseessenden Skythen und die gerechten, gastfreundlichen Gabier, welchen das Gefilde ohne Arbeit die Ernte gewährt. Dadurch nähern sie sich den glückseligen Hyperboreern, welche Aeschylos, Pindar und Hellanikos preisen, welche kein Fleisch essen (Hell.), und welche an den Rhipäen und den Quellen des Istros wohnen (Aesch. Pind.). So nimmt die Idealisirung allmählich speciellere Züge an, welche aber in dieser glücklichen Zeit nur dem Bedürfniss nach bedeutsamen, grossartigen Anschauungen zu entspringen scheinen und nirgends eine satirische Tendenz, d. h. die Absicht, in dem fernen besseren Volke nur den bewussten Gegensatz des eigenen schlechteren Volkes zu schildern, verrathen.

Herodot. Der Zeit der Marathonskämpfer folgte die ihres Darstellers, des Herodot. Ihm verdanken wir die erste eingehende Beschreibung der Skythen IV 1 ff. sowie eine solche des Hyperboreerglaubens in Delos IV 32—35. Letzteren gegenüber steht Herodot auf dem Standpunkte ungläubigen Zweifels, den er damit begründet, dass die Skythen, von welchen sie nördlich wohnen sollten, nichts von ihnen zu erzählen wissen »ausser vielleicht die Issedonen« (32). Schon mit diesem Zusatz verlässt er aber den Boden sicherer Kenntniss. Denn wer sind die Issedonen? Ueberall scheint man sie (z. B. auch Ukert S. 33, 569 ff.) als ein wirkliches Volk zu betrachten. Und doch wie zweifelhaft ist dessen Beglaubigung! Zuerst erwähnt sie der Dichter Alkman, derselbe, der das sagenhafte Rhipäengebirge zuerst nennt, um 660 v. Chr., also in einer Zeit, wo man von dem tiefen Innern des Nordens noch nichts wissen konnte, unter dem Namen Ἀσσεδόνες (fig. 135 B.). Ihm folgt Herodots phantastischer Gewährsmann Aristeas der Prokonnesier, von welchem die seltsamsten Wundererzählungen umliefen (Her. IV 14 f.), in dem Epos Ἀριμάσπεια. Darin erzählte er von sich selbst das Wunderbarste, u. a. auch dass er in Apollinischer Begeisterung (φοιβόλαμπτος γενόμενος 13) zu den Issedonen gekommen sei, den fernsten Erdbewohnern, die man erreichen könne (13, 16), und von diesen das Weitere gehört habe. Auf dieser poetischen Fiction basirt nun Herodots Schilderung der entlegensten Völker (13); sie spricht aber nicht für, sondern gegen die historische Wahrheit derselben. Spätere versetzten die Issedonen bald hier- bald dorthin, Ptolemäos zuletzt in die äussersten Osten nach Serika, von welchem Lande Herodot noch keine Ahnung hatte. — Hat also, was Herodot über die Issedonen und von diesen aus über ihre Nachbarn sagt, keinen historischen Boden, sondern muss es in unserer Darstellung als Phantasie des Aristeas angesehen werden, so ist dagegen um so wichtiger sein Bericht über die Skythen und über die Hyperboreer selbst. Letztere würden besonders von den Deliern geehrt, welche auch einen von Olen, einem ἀνὴρ Λύκιος (ἢ Ὑπερβόρειος sagt Suidas), gedichteten Hymnus zu ihrem Preise zu singen pflegen. Die von Pindar u. a. gerühmten idealen Zustände der Hyperboreer erwähnt Herodot mit keinem Worte, nur dass er sie c. 13 nach Aristeas als friedfertige Leute beschreibt; wie er überhaupt eigentlich nur an ihre Existenz im delischen Cultus glaubt.

Auch die Skythen idealisirt Herodot nicht. Seine Nachrichten scheinen auf genaue Erkundigungen zu beruhen und sind durchaus *sine ira et studio* abgefasst. Davon zu unterscheiden sind, wie gesagt, die nördlichsten Stämme, deren Schilderung dem Aristeas entnommen ist und allerdings idealisirende Momente enthält. So die der Issedonen selbst: sie sind gerecht (ἄλλως δὲ δίκαιοι καὶ οὗτοι λέγονται εἶναι 26) und ihre Frauen sind den Männern gleichberechtigt — ersteres dem Homer, letzteres den Sitten der Sauromaten an der Macotis (s. u.) entnommen. Auch die Argempäer (c. 23) scheinen nach Aristeas geschildert zu sein (λέγονται εἶναι ff.)*): dieses kahlköpfige Volk, von Baumfrüchten lebend (ζώοντες ἀπὸ δενδρέων) wie die Hyperboreer des Hellanikos, fast ohne Heerdenbesitz, stand im Rufe der Heiligkeit, schlichtete die Streitigkeiten seiner Nachbarn, bot den Verfolgten ein sicheres Asyl, vertheidigte sich nicht mit Waffen und wurde dabei doch von Niemanden beleidigt. Nun aber die Skythen selbst. Von ihnen spricht Herodot ziemlich kühl. Sie haben zwar den weisen Anacharsis (46) und sind sehr klug darin, dass die zu Wagen leben (φερέοικοι ἐόντες), sich mit aller Habe schnell entfernen können und so für ihre Feinde unbesiegbar sind (46), zumal sie nicht von Ackerbau sondern von ihren Heerden leben (ib.); ausser dieser einen Sache aber (höchtens liesse sich noch ihre Pietät für die Gräber der Vorfahren hervorheben, 127) sagt er: τὰ μέντοι ἄλλα οὐκ ἄγαμαι, über ihre Gerechtigkeit oder andere guten Eigenschaften verliert er kein Wort, erzählt dagegen manche Züge äusserster Rohheit aus ihren Sitten, ihre Menschenopfer, Androphagie, ja das Trinken aus den Schädeln getödteter feindlicher Verwandten, welche sie ihren Gastfreunden zeigen und sich ihrer Unthat gar noch rühmen (65). Aehnlich sind auch die Sitten der Massageten, welche Herodot nicht zu den Skythen rechnet (1. 215 f.), und aus welche ich Folgendes anführe, theils weil es eine hellenische Ansicht über die Skythen wiedergibt, theils weil später darauf zurückzukommen ist: γυναῖκα μὲν γαμέει ἕκαστος, ταύτῃσι δὲ ἐπίκοινα χρέωνται. τὸ γὰρ Σκύθας φασὶ Ἕλληνες ποιέειν, οἱ Σκύθαι εἰσὶ

---

*) Τούτους οὐδεὶς ἀδικέει ἀνθρώπων· ἱροὶ γὰρ λέγονταί εἶναι. οὐδέ τι ἀρήιον ὅπλον ἐκτέαται· καὶ τοῦτο μὲν τοῖσι περιοικέουσι οὗτοί εἰσι οἱ τὰς διαφορὰς διαιρέοντες, τοῦτο δέ, ὃς ἂν φεύγων καταφύγῃ ἐς τούτους, ὑπ᾽ οὐδενὸς ἀδικέεται. οὔνομα δέ σφι ἐστὶ Ἀργεμπαῖοι. — So, Ἀργεμπαῖοι, stellte H. Stein in seiner Ausg. her; es ist die beste Vereinigung der Lesarten Ἀγριππαῖοι (beste Hss.), Ὀργεμπαῖοι (Zenobius), Aremphaei (Mela).

οἱ ποιέοντες, ἀλλὰ Μασσαγέται (I 216). Von dem westlichen Nachbarvolke der Skythen aber, den Agathyrsen, berichtet Herodot vollständige Weibergemeinschaft, und zwar mit dem idealisirenden Zusatze ἵνα κασίγνητοί τε ἀλλήλων ἔωσι καὶ οἰκήϊοι ἐόντες πάντες μήτε φθόνῳ μήτε ἔχθεϊ χρέωνται ἐς ἀλλήλους (IV 104).

Während nun Herodot (III 106, 116) die fernsten Länder gerade die edelsten Erzeugnisse hervorbringen, auch sie in den Aethiopiern die besten Menschen enthalten lässt, verfällt er also, was die Skythen betrifft, der Lust das Ferne zu idealisiren nur in sehr geringem Grade. Ein neues Element bringt er aber hinzu durch die Beschreibung des Thrakisch-Getischen Volksstammes (IV 93 ff. V 3 ff.). Dieser ist zwar mit den Skythen durchaus nicht verwandt, von den Hellenen aus betrachtet aber sind beide Völker des Nordens und wurden schon dadurch in ungenauer Weise öfter als einander zugehörig angesehen, eine Meinung, die sich dadurch leicht verstärken musste, dass beide nicht wenige Sitten und Züge gemeinsam hatten: sie waren ὅμοροί τε καὶ ὁμόσκευοι (Thuk. II 96). Beide, Skythen und Thraker, sind leidenschaftlich (τὸ θυμοειδές tadelt Platon an ihnen Rep. IV 435 e), beide trunksüchtig (Plat. u. a. ö.); beide leben von Milch und Käse (daher die Geten γαλακτοπόται: Colum. VII 2, 2); beide trinken aus den Schädeln erschlagener Feinde, Skythen (Her. IV 65 u. a.) und Thraker (Flor. I. 39. Ammian. XXVII 4, 4); es tätowiren sich die Thraker (Her. V 6 u. a.) sowohl wie die Agathyrsen (Verg. Aen. IV 146. Mela II 10), Sarmaten (Plin. XXII 2) und Gelonen (Verg. G. II 115); das Selbstverwunden erwähnen bei den Thrakern Ammian. XXVII 4, 9, bei den Skythen Her. IV 70, Mela II 12; andere auch bei den Medern und Lydern. Insbesondere aber ist bei beiden der Krieg die ehrenvollste Beschäftigung, bei den Thrakern (Her V 6) und den Skythen (ib. II 167 u. ö.); vgl. noch Ukert S. 304. Bei diesen und anderen Aehnlichkeiten ist's auch nicht zu verwundern, wenn manche Stämme bald als thrakische, bald als skythische angeführt werden, z. B. die Amazonen (sind thrakischen Stammes nach Arktinos und Verg. Aen. XI 659, skythisch nach den Meisten), Abier (skythisch z. B. nach Eustathios, thrakisch nach Steph. Byz. s. v.), Trauser (thrakisch: Her. V 3; skythisch: Hesych. u. Suid.). Die römischen Dichter brauchen stets beide Stammesnamen ganz identisch zur Bezeichnung des kalten Nordens oder kriegerischer Wildheit.

Nun zeichnete sich der thrakische Stamm zugleich durch ein starkes Hervortreten des religiösen Glaubens und des Cultus aus. Die Ilias, die sie meist als rossekundige Kriegerschaaren nennt, erwähnt doch auch des thrakischen Sängers Thamyris (B 595); diesem reihten sich in der griechischen Sage andre kunstbegabte, ja heilige Volksgenossen an, wie Eumolpos und Orpheus, die priesterlichen Sänger und Gründer heiliger Weihen, welche die späteren Griechen aus demselben thrakischen Volke entstammt glaubten. Die Frömmigkeit der Thraker, besonders der Geten beschreibt Herodot IV 93 ff. Sie halten ihre Seelen für unsterblich; der Verstorbene wandert παρὰ Ζάλμοξιν δαίμονα, wobei ein Zug von einer dem Alterthum im ganzen fremden Schroffheit berichtet wird: οὐδένα ἄλλον θεὸν νομίζοντες εἶναι εἰ μὴ τὸν σφέτερον. Uebrigens lobt er sie auch als Θρηίκων ἐόντες ἀνδρηϊότατοι καὶ δικαιότατοι. Eine gewisse Aehnlichkeit mit der pythagoreischen Lehre von der Seelenwanderung mochte man wohl in jenem Glauben finden, wenn die Hellenen an der thrakischen Küste erklärten, — sei es in spöttischem oder mehr in euhemeristischem Sinne, — Zalmoxis sei ein ehemaliger Sklave des Pythagoras, der sich durch seine betrügerischen Wunderthaten bei den Thrakern göttliches Ansehen verschafft habe (Her. IV 95). Wie die Geten, so galten die Hyperboreer als ein frommes Volk. Auch hatte der Gottesdienst beider die Aehnlichkeit, dass das κιθαρίζειν eine bedeutende Stelle darin einnahm, bei den Hyperboreern (Pindar l. c., Diod. II 47, Aelian. H. A. XI 1) wie bei den Geten (Theopomp. fg. 244 M., vgl. auch Jornandes de r. Get. 10, Steph. Byz. s. v.). — Nach allem Dargelegten wäre es zu verwundern, wenn man nicht auch dem Ruhm ihrer Frömmigkeit von beiden Nachbarvölkern auf die Skythen übertragen hätte, cf. Plat. Charmid. 158 a. Bei Herodot finden wir davon noch keine Spur: Ephoros (s. u.) nennt sie schon εὐσεβῆ πάνυ. Nach Lukian (Skyth. l. 4) halten auch die Skythen sich für unsterblich und wandern nach ihrem Tode zu Zamolxis, ja in einem guten Artikel des Suidas (s. v. Ζάμολξις) ist Zamolxis selbst zu einem Skythen geworden, welcher die Thraker belehrte.

Einige Zeit hindurch findet sich nun keine Idealisirung der Nordvölker mehr; die ernste Geschichtschreibung des Thukydides war solchen Phantasien nicht günstig. Auch in den Dialogen Platons, wo man sie wohl erwarten möchte, zeigt sich keine Spur derselben.*) Doch ist der Einfluss der platonischen Lehren auch auf diese Dinge nicht ohne Einfluss geblieben, wie sich alsbald bei Ephoros zeigen wird. Erst bei Ktesias, dessen Zuverlässigkeit bekanntlich noch heute controvers ist, finden wir eine neue Idealisirung und zwar die erste im Nordosten (seit den Perserkriegen wusste man ja, wie unendlich weit die Skythen sich gegen Osten ausdehnten). »Die Dyrbiter,« sagt dieser im zehnten Buch der Περσικά (Steph. Byz. s. v. Δυρβαῖοι), »ein nördliches Nachbarvolk der Baktrer und Inder, sind glückliche, reiche und sehr gerechte Leute (κάρτα δίκαιοι); sie thun Niemanden Unrecht, tödten Niemanden, nehmen nicht mit was sie unterwegs finden; sie backen kein Waizenbrod, sondern verzehren dünne Gerstenkuchen und Früchte; auch haben sie keine Gesetze ausser denen über den Gottesdienst.« Und an dieses nach den homerischen δικαιότατοι und den Hyperboreern zugleich geformte Volksbild schliesst sich aufs Beste die Idealisirung der Skythen durch Ephoros, den bekannten Schüler des Isokrates, welcher bei dem grossen Einflusse, den seine Ἱστορίαι inhaltlich auf die ganze spätere Geschichtschreibung ausübten, auch in dieser Beziehung von besonderer Wichtigkeit ist, zumal da er wie es scheint zuerst dieselbe im Zusammenhang und mit voller Absichtlichkeit vertrat. Man ist wohl berechtigt, nach der Ursache dieser auffallenden Erscheinung zu fragen. Wie kam gerade Ephoros, ein Schriftsteller von schlichtem und nüchternem

---
*) Euthydem. 299 e: φασὶ τούτους εὐδαιμονεστάτους εἶναι Σκυθῶν ff. sind nicht die glücklichsten, sondern die reichsten der Skythen gemeint.

Sinne und ohne jede Anlage zu romantischen Phantasien, ein Autor, dem zwar einzelne Versehen nachzuweisen sind, der aber dabei stets den wohlverdienten Ruf strenger Wahrheitsliebe genoss, der niemals des zu erzielenden Effectes halber etwas schrieb oder verschwieg, wie, frage ich, kam gerade Ephoros dazu für jene romantische Idealisirung der nomadischen Skythen einzutreten? Ich glaube diese Frage so beantworten zu sollen: er that es aus einer übel angebrachten Gewissenhaftigkeit. Ephoros ist der früheste unter den grossen Historikern, welcher die Welt lediglich aus Büchern kennen lernte; das Entlegene sagte ihm mehr zu als das Gegenwärtige — bekanntlich veranlasste Isokrates ihn dazu, seine Studien der alten Zeit, den Theopompos*) aber, die seinen der Gegenwart zu widmen; — er benutzte und citirte zahlreiche Schriftsteller und insbesondere auch vielerlei Dichter, die er in falscher Genauigkeit auch als Geschichtsquellen benutzen zu sollen meinte; und was ist von diesem Standpunkte aus natürlicher, als dass Homer ihm nicht nur, wie dem ganzen Alterthum, als der grösste Dichter galt, sondern auch Wort für Wort wie ein Evangelium der Wahrheit von ihm verehrt wurde? Er steht in diesem Punkte schon auf dem Boden der alexandrinischen und pergamenischen Homerforschung. Um auf die Skythen zurückzukommen, so ist es zuerst die Stelle N 6 von den δικαιότατοι ἀνϑρώπων die ihm als Grundlage seiner Ausführungen diente.

Ephoros' Ansicht berichtet uns Strabon VII 302 f. (Eph. fg. 76 M.) folgendermassen: »Im vierten Buche seiner Geschichte, welches den Titel »»Europa«« führt, geht Ephoros ganz Europa bis zu den Skythen durch und sagt am Schlusse, die Lebensweise der Skythen überhaupt und auch der Sauromaten sei eine verschiedenartige; denn die einen seien so roh, dass sie sogar Menschen verzehrten, die anderen aber enthielten sich sogar des Fleisches der Thiere. Andere Schriftsteller nun, sagt er, verbreiten sich über die Rohheit derselben, denn sie wissen wohl, dass so furchtbare und merkwürdige Berichte Aufsehen machen; man müsse aber auch das Gegentheil darstellen und in Beispielen vorbringen. So wolle er selbst nun über die handeln, welche höchst gerechter Sitten pflegen; seien doch solche unter den nomadisirenden Skythen, die sich von Pferdemilch nähren, und diese zeichneten sich weit vor Allen durch ihre Gerechtigkeit aus, und deren gedächten auch die Dichter: Homer mit den Worten, das Land γλακτοφάγων ἀβίων τε, δικαιοτάτων ἀνϑρώπων beschaue Zeus; Hesiodos in der sogenannten Γῆς περίοδος: Phineus werde von den Harpyien entführt γλακτοφάγων εἰς αἶαν ἀπήναις οἰκί᾽ ἐχόντων. Dann gibt Ephoros die Ursachen an, wie sie sowohl, weil sie einen einfachen Lebenswandel führen und nicht nach Geldgewinn begierig sind (οὐ χρηματισταί), unter einander nach Ordnung und Gesetz leben (εὐνομοῦνται), indem sie Frauen und Kinder und Verwandtschaft und auch alles

---

*) Auch der nennt einmal die Hyperboreer, in seiner freien Phantasie von den Menschen jenseits der Erde (fg. 76 M.), aber in einer ganz scherzhaften Weise: die Bewohner seiner Stadt Μάχιμος kamen einmal auf unsere Erde und landeten bei den Hyperboreern, als sie aber hörten, diese seien die glücklichsten Menschen, schätzten sie das menschliche Glück gering und kehrten sofort wieder um.

andere mit einander gemeinsam haben; als auch wie sie für Fremde unbekämpfbar und unbesiegbar sind, da sie ja nichts besitzen, wofür man sie unterjochen könnte. Auch Choerilos bezeuge dies (s. oben dessen: ἀνϑρώπων νομίμων). Auch der weise Anacharsis gehöre zu diesem Geschlechte, den man seiner Einfachheit, Besonnenheit und Verständigkeit halber zu den sieben Weisen rechnete....«

Ganz dasselbe spricht als die Ansicht des Ephoros (εἴρηκεν Ἔφορος v. 842) auch der geographische Dichter aus, welcher in dem Periplus Ponti Euxini c. 49 (bei Müller, Geographi gr. min. I p. 413, vgl. p. LXXIV: danach ist die Stelle in den sog. Skymnos v. 850 ff. gesetzt) erhalten ist:

850 τὸν Παντικάπην διαβάντι Λιμναίων ἔϑνος
ἕτερά τε πλείον' οὐ διωνομασμένα,
Νομαδικὰ δ' ἐπικαλούμεν', εὐσεβῆ πάνυ,
ὧν οὐδὲ εἰς ἔμψυχον ἀδικῆσαι ποτ' ἄν,
οἰκοφόρα δ', ὡς εἴρηκε, καὶ σιτούμενα
855 γάλακτι ταῖς Σκυϑικαῖσι ϑ' ἱππομολγίαις·
ζῶσιν δὲ τήν τε κτῆσιν ἀναδεδειχότες
κοινὴν ἁπάντων τήν ϑ' ὅλην συνουσίαν.

Dieser Bericht ist nicht so vollständig, wie der des Strabon, stimmt jedoch völlig mit diesem überein, nur dass er statt der Gerechtigkeit der Skythen vielmehr ihre Frömmigkeit rühmt.

Der dritte Bericht ist der des Nikolaos von Damaskos (Müller, Fragm. hist. Gr. III p. 460, fg. 123), welcher den Ephoros zwar nicht als Quelle nennt, jedoch ganz zweifellos auf ihn zurückgeht. Er sagt: »Die Galaktophagen, ein Skythisches Volk, haben wie die meisten Skythen keine festen Wohnsitze, leben nur von Pferdemilch und daraus bereitetem Käse, und sind unbesiegbar, da sie ihre Nahrung überall bei sich haben. Sie sind sehr gerecht, haben ihr Vermögen und ihre Weiber gemeinsam, weshalb sie jeden älteren Mann Vater, jeden jüngeren Sohn, jeden gleichalterigen Bruder nennen. Zu ihnen gehörte der weise Anacharsis. Homer erwähnt ihrer und nennt sie Abier (N 6) . . Wegen der Gemeinsamkeit und Gerechtigkeit ihres Lebens ist Neid, Hass und Furcht ihnen unbekannt. Auch ihre Frauen sind kriegerisch und kämpfen an ihrer Seite, besonders die Amazonen.« Mit Ausnahme des Namens (er nennt Galaktophagen, wo Strabon und der Dichter die Skythen überhaupt) stimmt Nikolaos mit Strabon durchaus überein und ergänzt ihn in einigen Punkten, während er Anderes verkürzt.*)

---

*) Auch Eustath. ad Il. XIII p. 916 und Schol. Veneta Il. l. c. geben dieselben Nachrichten: zu den Abiern gehöre auch Anacharsis, sie seien δικαιότατοι, da sie Weiber und Kinder und Alles ausser dem Schwert und dem Trinkgefäss gemeinsam besässen und nicht geldgierig seien; sie essen kein Fleisch, die Erde bringe ihnen alle Früchte ohne Arbeit. Aeschylos nenne sie Gabier. λέγουσι δὲ αὐτοὺς τοὺς ὁδίτας τρέφοντας ἄλλον ἄλλῳ διαπέμπειν: ein Zeichen

Ich habe diese Stellen, aus welchen wir den sachlichen Inhalt des Ephoros sehr deutlich erkennen, in ganzer Ausdehnung wiedergegeben, sowohl um zu zeigen, dass die Stelle der Ilias die ursprüngliche Quelle derselben bildet, als auch insbesondere um die nunmehrige weitere Entwickelung der Sage daran nachzuweisen. Zunächst ist das Verhältniss des Ephoros zu Herodot festzustellen. In dem Verzeichniss der skythischen Stämme (Skymn. 841 ff.) folgt er ihm sicher theilweise, aber durchaus nicht ganz und überall: ebenso aber verführt er in der Charakteristik der Skythen. Denn mit Herodot durchaus übereinstimmend lehrt er, dass die Skythen nomadisiren (Her. IV 46), Pferdemilch trinken (ib. IV 2), den Anacharsis zu den ihrigen zählten (IV 46; 76), unbesiegbar sind (IV 46), und dass die Frauen der Sauromaten mit in den Kampf ziehen (IV 116). Der Grund ihrer Unbesiegbarkeit ist nach Herodot, dass sie keine Städte und keine Aecker haben und auf ihren Wagen mit den Heerden ihren Aufenthaltsort stets leicht ändern können*); Ephoros aber sagt nach Strabon, sie seien ἀνίκητοι, οὐδὲν ἔχοντες ὑπὲρ οὗ δουλεύσουσι, nach Nikolaos aber seien sie δυσμαχώτατοι, σὺν αὐτοῖς πάντη τὴν τροφὴν ἔχοντες. Wahrscheinlich gibt Jeder von beiden nur einen Theil der Meinung des Ephoros wieder (Strabon den seinigen sogar ziemlich ungeschickt), dessen vollständige Ansicht also wohl der des Herodot völlig gleich war. — Aber in anderem ist Ephoros von Herodot auch total verschieden. Nach Herodot leben die Skythen ἀπὸ κτηνέων (IV 46), von der Milch und dem Fleisch ihrer Heerden: nach Ephoros essen sie kein Fleisch. Ihre Gerechtigkeit, Frömmigkeit, Einfachheit und Genügsamkeit ohne Habsucht erwähnt Herodot nicht, nur Ephoros. Ebenso verhält es sich mit der Gemeinsamkeit des Besitzes. Die Weibergemeinschaft, welche in roher Realität Sitte der Massageten war und fälschlich von den Griechen für Sitte der Skythen überhaupt gehalten wurde (Her. I 216), führt Herodot auch bei den Agathyrsen an (IV 104), hier jedoch mit den idealisirenden Zusätzen, »damit sie alle Brüder seien und weder Hass noch Neid kennen«, in welchem Sinne nun auch Ephoros bei Nik. D. seinen Skythen dieselbe idealisirte Sitte zuschreibt. — Woher stammen alle diese Angaben? Zum Theil lässt es sich nachweisen, zum Theil vermuthen. Die Gerechtigkeit haben sie nach der Ilias (εὔνομοι nennt sie auch Aeschylos); die Frömmigkeit und die Enthaltung von Fleischnahrung ist von den Nachbarvölkern der Hyperboreer und zum Theil der Geten (s. o.) auf sie übertragen; doch mag auch von Neuem die falsche Auffassung des homerischen γλακτοφάγοι als Leute, die sich nur von Milch und von nichts Anderem ernährten (und durch milde Nahrung mild und gerecht wurden?) mitgewirkt haben. Doch alles dieses genügt noch nicht. Woher ihr Mangel an Habsucht,

---

grosser Gastfreiheit, wie bei den Germanen nach Tac. Germ. 21. Auch diese Nachrichten gehen deutlich auf Ephoros zurück, auf welchem denn wohl auch die wenigen darin enthaltenen Erweiterungen zu beruhen scheinen. Vgl. noch Arrian fg. 52 M. bei Eustath. ad Dion. Per. 669.
*) Ebenso sagt nach Her. IV 127 der Skythenkönig Idantbyrsos zu den Gesandten des Perserkönigs: ἡμῖν οὔτε ἄστεα οὔτε γῆ πεφυτευμένη ἐστὶ, τῶν πέρι δείσαντες μὴ ἀλώῃ ἢ καρῇ, ταχύτερον συμμίσγοιμεν ἂν ἐς μάχην ὑμῖν.

wohor die Gemeinsamkeit des Besitzes, ein besonders später wichtiger Zug der Idealisirung der Skythen? Es scheint mir, dass, wie früher Pythagoreische, so jetzt Platonische Gedanken an der Ausgestaltung der Sage mitwirken. Man könnte z. B. an Platons Beschreibung der Urzeit der Naturmenschen denken (Legg. III 679 b), welche Gold und Silber nicht kannten, dafür aber auch weder Uebermuth noch Unrecht, weder Hass noch Neid, und welche der trefflichsten Sitten pflegten. Ganz besonders aber scheint mir der von Platon beschriebene Idealstaat, dessen Grundlage die δικαιοσύνη ist (Rep. IV 433 a und oft), auf die Schilderung der δικαιότατοι ἀνθρώπων durch Ephoros eingewirkt zu haben. Denn der auf Pythagoreischer Grundlage entwickelte Platonische Communismus forderte Gemeinschaft der Weiber und Kinder (ib. V 457c ff.), aber auch Gemeinschaft des Besitzes (ib. 462c, 464b ff.), ja selbst Gemeinschaft der Freude, des Schmerzes (462b) und aller Dinge. Diese Gemeinsamkeit gilt ihm als das grösste Glück (464b, 465d); Hass, Feindschaft und Streitigkeiten seien dadurch unmöglich gemacht (464d). Selbst in einzelnen Worten des Ephoros (bei Strabon) finden sich Platonische Anklänge: die Skythen εὐνομοῦνται, und Platons Darstellung gilt von der εὔνομος πόλις (462c); die Skythen sind οὐ χρηματισταί, und Platon beschreibt die Verschlechterung der Menschen durch die χρηματισμο (465c). Dazu kommt, dass Platon selbst die κοινωνία noch in einem andern Sinn (vgl. Rep. V 466 d) bei den Skythen verwirklicht fand, nämlich die ἵππων καὶ τόξων καὶ τῶν ἄλλων ὅπλων κοινωνία, die er wie Andere an den Frauen der Sauromaten rühmt (Legg. VII 804c). — Gerade diese Ephoreische erweiternde Ausschmückung veranlasste nun, dass die Idealisirung der Skythen sich auch ins spätere, besonders ins römische Alterthum fortpflanzte; wobei dann aber, um mit Schiller (Ueber naive und sentimentalische Dichtung, XII 193, Ausg. v. 1847) zu reden, nunmehr statt der elegischen die satirische Seite dieser sentimentalischen Dichtung in den Vordergrund trat: die Tugenden der Skythen werden jetzt in bewussten Gegensatz gegen die Fehler des eigenen Volkes gepriesen. Indem sie diese Tugenden recht ins Licht stellte, bildete die eingehende Darstellung des Ephoros einen wichtigen Wendepunkt.*)

In scherzhafter Weise wird diese »satirische Idealisirung« zuerst von dem mit Ephoros gleichzeitigen Dichter der mittleren Komödie Antiphanes eingeführt, welcher sagt (bei Athen. VI 224d):

εἶτ' οὐ σοφοὶ δῆτ' εἰσὶν οἱ Σκύθαι σφόδρα;
οἳ γενομένοισιν εὐθέως τοῖς παιδίοις
διδόασιν ἵππων καὶ βοῶν πίνειν γάλα,
ἀλλ' οὐχὶ τιτθὰς εἰσάγουσι βασκάνους
καὶ παιδαγωγούς ff.

———————
*) Ob die Werke Περὶ Σκυθῶν oder Σκυθικά, wie sie von Agathon, Ktesippos, Muesimachos, Timonax angeführt werden, für unseren Zweck Wichtiges enthielten, ist nicht bekannt, da uns nur Curiositäten daraus berichtet werden. Klearchos, ein Schüler des Aristoteles, nannte sie dagegen geradezu ἀθλιώτατοι; sie hätten ihr Unglück durch Uebermuth und Schwelgerei verschuldet (Athen. XII 524c.)

Alexander d. Gr. Die bald darauf stattfindende Erweiterung der Kenntniss des Ostens durch die Feldzüge Alexanders d. Gr. wirkte auch auf unser Sagengebiet zurück, indem sie einerseits die Lust am Erzählen von fabelhaften fremden Völkern überhaupt erhöhte, anderseits aber den fernen Osten für solche Sagen in Anspruch nahm, die man bisher in andere Regionen versetzt hatte. Aehnliches wie schon um 400 (s. o.) der persische Leibarzt Ktesias berichtete daher jetzt Megasthenes, wenn er die Hyperboreer nach Indien versetzt (Strab. XV 711; vgl. Ukert S. 19); und insbesondere war es den Geschichtschreibern Alexanders, wenn nicht vielleicht dem von Homer begeisterten König selbst, vorbehalten, die Nachkommen der gerechten Abier der Ilias östlich vom Kaspischen Meer in unentstellter Tugend zu entdecken. Denn ebenso wie eine Königin der Amazonen sollen auch Gesandte der Abier bei Alexander erschienen sein, »welche Homer als die gerechtesten pries, und welche in Asien ihrer Armuth und Gerechtigkeit wegen noch jetzt in Freiheit wohnen« (Arrian. IV 1, 1) und von denen Curtius VII 6, 11 sagt: »*iustissimos barbarorum constabat; armis abstinebant nisi lacessiti; libertatis modicus et aequalis usus*« ff. vgl. Ammian. XXIII 6, 53 »*genus piissimum, calcare cuncta mortalia consuetum*« (!). — Dagegen schrieb Hekataeos von Abdera um 300 v. Chr. einen von Diodor II 47 und Aelian H. A. XI 1 excerpirten Bericht über die Hyperboreer nebst einer phantastischen Geographie ihres Landes (s. den Excurs und Müllenhoff, D. Alterthumskunde I S. 424), worin er dieses im Nordwesten annimmt. Die Schilderung ist sehr detaillirt, ohne jedoch dem von Pindar und Herodot Gegebenen neue, für unseren Zweck wichtige, charakteristische Züge hinzuzufügen.

Posidonios. Drei Jahrhunderte nach Ephoros schrieb der ebenso vielseitig gelehrte als im Leben klar beobachtende Posidonios von Apamea, Rhetor und stoischer Philosoph in Rhodos und seit 51 v. Chr. in Rom, das umfangreiche Werk seiner Ἱστορίαι, welches die Zeit von 146—96 umfasste und mit vielerlei Digressionen ausgeschmückt war. Posidonios erscheint uns in seinen Fragmenten als ein Historiker, welcher, neben einer sehr detaillirten Schilderung des Geschehenen, auch des weniger Wichtigen, und bei ausgebreiteten Kenntnissen auch entfernter Völker, die er zum Theil selbst besucht hatte, oft Weichlichkeit und Unsitte tadelt, anderseits aber gern das Gute, wo er es nur findet, hervorhebt und bewundert. So z. B. die alte Grösse und Einfachheit Roms (fg. 2, 3, 12; cf. 45). Von ihm erzählt nun Strabon (VII 296, fg. 92): »Posidonios sagt, die (thrakischen) Myser enthalten sich aus Frömmigkeit des Belebten, und darum auch des Zuchtviehes (ἐμψύχων ἀπέχεσθαι, διὰ δὲ τοῦτο καὶ θρεμμάτων), lebten von Honig, Milch und Käse, in ruhigem Leben, würden auch desshalb die Frommen genannt (καλεῖσθαι θεοσεβεῖς τε καὶ καπνοβάτας [?]); einige der Thraker leben auch ohne Weiber, diese würden κτισταί (?) genannt, würden geehrt, für heilig gehalten und lebten in aller Sicherheit; diese alle meine Homer [N 6]«. Wir erkennen nach allem schon Dargestellten jetzt leicht, wie hier die Darstellung des Ephoros von den ohne Fleischnahrung lebenden Skythen, deren Milchnahrung nunmehr, poetischem Sprachgebrauche folgend — ich erinnere nur an die Bakchantinnen, welche mit ihren

Thyrsusstäben »Milch und Honig« aus Felsen schlugen — die Zuthat des Honigs*) erhalten hat: wie diese Darstellung mit der von Herodot schon berichteten Frömmigkeit der thrakischen Geten zu einem Gesammtbilde verschmolzen wird. Denn was Posidonios am Schlusse erzählt, hat einen etwas mönchischen oder ascetischen Beigeschmack und kann recht wohl auf wirkliche Züge thrakischen Lebens (s. S. 16) sich beziehen; vergleicht doch Josephos Antiqq. Jud. XVIII 1, 5 einen dakischen (d. h. getischen) Stamm mit den Essenern, was den religiösen Grundzug seines ganzen Lebens betrifft! Ein neuer Zug ist nur die Ruhe (ἡσυχία) und Sicherheit (ἄδεια), welche Posidonios diesen Frommen zuschreibt. Bei Posidonios zuerst tritt uns also die Vermischung oder Verwechslung von Geten und Skythen ausgeprägter entgegen. Auch er knüpft an die homerische Stelle an und erklärt (fg. 92 M. bei Strabon VII 295), das Epitheton δικαιότατοι beziehe sich συλλήβδην auf die Thrakischen und Skythischen Stämme überhaupt (cf. auch fg. 91); dem entsprechend bezieht er die Züge der Frömmigkeit, des Lebens von Milch und Honig u. s. w., welche wir soeben von den Thrakern anführten, gleicherweise auch auf die Skythen, und zwar in der äusserst wichtigen Stelle des Justinus, welche ich jedoch, da sie dieser nicht *disertis verbis* auf Posidonios zurückführt, erst weiter unten besprechen kann. Die Hyperboreer aber, welche Posidonios in den Alpen annimmt, fallen bei ihm aus dem Kreise dieser Völker heraus.

Wichtig ist Posidonios für unseren Zweck noch als der erste dieser Autoren, dem auch der Westen, wenn auch unvollständig (Strab. II 104, frg. 88), erschlossen ist. Er kannte Gallien und Hispanien aus vielfacher eigener Anschauung, er ist der älteste Hellene, welcher den Namen der Germanen erwähnt,**) er nennt auch Britannien (fg. 48). Er eröffnet uns aber noch einen weiteren Ausblick in die spätere, römische Umbildung unseres Themas. Bekanntlich ist Posidonios eine Hauptquelle für Diodor von Sicilien. Dieser nun erzählt IV 20 eine Geschichte aus Ligurien, welche nach dem Zeugnisse Strabons (III 165) aus Posidonios (fg. 53) entnommen ist. In ebendemselben Capitel berichtet Diodor weiter von den Ligurern, sie seien τῆς κατὰ τὴν τρυφὴν ῥαστώνης πολὺ κεχωρισμένοι, worauf noch mancherlei Lob dieses Volkes folgt. Es ist mehr als wahrscheinlich, dass auch diese Stelle aus Posidonios geschöpft ist. Nun vergleiche man damit, was Diodor V 21 von den Britanniern sagt: φασὶ... τοῖς ἤθεσι ἁπλοῦς εἶναι καὶ πολὺ κεχωρισμένους τῆς τῶν νῦν ἀνθρώπων ἀγχινοίας καὶ πονηρίας· τάς τε διαίτας εὐτελεῖς ἔχειν καὶ τῆς ἐκ τοῦ πλούτου γεννωμένης τρυφῆς πολὺ διαλλαττούσας. Sie seien Stämme, welche »die alte Lebensweise noch bewahrt haben.« Wenn uns die merkwürdige Ueber-

---

*) Vgl. auch Eusthathios zu Il. XIII 5: ἄρτος δὲ μετὰ μέλιτος Πυθαγορικῶν ἐν τροφῇ, mit oben S. 13.

**) Athen. IV 153e: Γερμανοὶ δὲ, ὡς ἱστορεῖ Ποσειδώνιος ἐν τῇ τριακοστῇ, ἄριστον προσφέρονται κρέα μεληδὸν ὠπτημένα καὶ ἐπιπίνουσι γάλα καὶ τὸν οἶνον ἄκρατον (fg. 32 M.): letzteres im Widerspruch mit Caesar B. G. IV 2. Für μεληδόν vermuthet mein Freund A. Holder μέλιτι, wofür er auf verschiedene Stellen der Edda verweist. Jedenfalls sieht Posidonios die Germanen als einen Keltenstamm an, wie es auch Diodor thut.

— 24 —

einstimmung einiger Gedanken und sogar einzelner Worte zu dem Schlusse berechtigen darf, dass es auch hier Posidonios sei, der von dem Compilator ausgeschrieben wurde, so würden wir in ihm den ersten Verherrlicher eines Naturvolkes des **westlichen**, den **Römern** näher gelegenen Nordens erkennen. Strabon IV 200 bezeichnet die Sitten der Britannier etwas anders, als ἁπλούστερα καὶ βαρβαρώτερα (was er aber IV 201 über die Rohheit des Verkehrs der Geschlechter sagt, hätte Brandes, Kelten und Germanen S. 30, nicht erwähnen dürfen, da es sich nur auf Ἰέρνη, Irland, bezieht. Caesar V 14 erzählt jedoch Aehnliches von den Britanniern selbst, was an die skythische Allgemeinsamkeit erinnert). Für die Idealisirung erfüllten die Britannier auch die geeignete Bedingung äusserster Entlegenheit : als die *penitus toto divisi orbe Britanni* (Verg. ecl. 1, 67), die *ultimi Britanni* (Catull. 11, 11. 29, 4 u. a.), die *ultimi orbis* (Hor. c. I 35, 30), *remoti* (ib. IV 14, 48), *intacti* (epod. 7, 7) u. dgl. werden sie bezeichnet, wie die homerischen Aethiopen als die ἔσχατοι ἀνδρῶν.

Skymnos. Gleichzeitig etwa mit Posidonios gab der sogenannte Skymnos um 90 v. Chr. in seiner versificirten Geographie die Idealisirung eines anderen Barbarenvolkes, welches sonst stets als die wildeste Räuberhorde geschildert wird. Er sagt v. 422 ff. von den Illyriern:

.. ἃ δ᾽ αὐτονομεῖσθαι· θευσεβεῖς δ᾽ αὐτοὺς ἄγαν
καὶ σφόδρα δικαίους φασὶ καὶ φιλοξένους,
κοινωνικὴν διάθεσιν ἠγαπηκότας
εἶναι, βίον ζηλοῦν τε κοσμιώτατον.

Sind die Farben dieses Bildes dieselben wie die der Idealisirung der Skythen bei Ephoros, so fragt sich nun: woher solch wunderbares Lob auch für dieses rohe Räubervolk?. Ich vermuthe, es stammt ebendaher, woher im letzten Grunde das der Skythen stammt: aus Homer, oder vielmehr aus seiner späteren Auslegung. Man beachte nämlich, dass nach dem Periplus des Skylax c. 22 zu den Illyriern auch die in drei Stämme (Ἱεραστάμναι, Βουλινοί, Ὑλλοι) getheilten Lotophagen gehörten, offenbar nach einer Auslegung, welche die Oertlichkeiten der Odyssee im Westen und Nordwesten suchte. Nun zieht bei Homer bekanntlich das Land der Lotophagen die Fremden so mächtig an, dass sie der Heimkehr vergessen (Od. ι 97), und daher gelten die Lotophagen selbst dem Dionysios Per. 206 als φιλόξεινοι: dasselbe Epitheton der Gastlichkeit aber gibt Skymnos oben den Illyriern, die er dann genauer schildert, so wie Ephoros die δικαιότατοι Homers. Da Skymnos nach seiner mehrmaligen Angabe vieles aus Ephoros entlehnte, so vermuthe ich, dass dies auch mit der Idealisirung der Illyrier der Fall war.

Rom. Posidonios bahnt uns den Weg zu der römischen Literatur theils durch die genannten Aeusserungen über westliche Völker, theils durch den hervorgehobenen Contrast seiner gepriesenen Naturvölker gegen οἱ νῦν ἄνθρωποι. In Rom nimmt diese Idealisirung nämlich von Anfang an einen weit mehr satirischen als elegischen Charakter an (s. o. S. 21). Sallust u. a. rühmen wie Posidonios die gute alte Zeit Roms im Gegensatz zur jetzigen Verderbniss. Die Inseln der Seligen sind das Ziel einer Sehnsucht, welche aus dieser

Verderbniss heraus lockt: bekanntlich wollte sich Sertorius dorthin aus den unaufhörlichen Kriegen in ruhiges Glück zurückziehen (Plut. Sert. 8, 9. Sall. hist. fg. I 61 f. Kr.), und richtet später Horaz dieselbe poetische Aufforderung an alle Gutgesinnten (um 40 v. Ch., in epod. 16). Mit der Kaiserzeit und der eintretenden grösseren inneren Ruhe weicht diese, man möchte sagen, praktisch-satirische Stimmung wieder der theoretischen Betrachtung. Sallust ist, soviel man beurtheilen kann, kein Freund der Glücklichpreisung entlegener Völker oder Länder: weder die genannten Stellen*) noch die über Skythen und Germanen sprechen dafür. Bei der Wichtigkeit dieser Stellen für eine unten zu gebende Beweisführung will ich sie gleich hier zusammenstellen. Ueber die Skythen: III 47 »*Scythae Nomades tenent, quibus plaustra sedes sunt*« (III 48 »*omnium ferocissimi ad hoc tempus Achaei atque Tauri sunt, quod, quantum conicio, locorum egestate rapto vivere coacti*«); die Germanen: III 57 »*Germani intectum renonibus corpus tegunt*« (III 58 »*vestes de pellibus renones vocantur*«); über die Donau handelt III 55 »*nomenque Danubium habet, ut ad Germanorum terras adstringit*« und III 56 (sie sei kleiner als der Nil). Dies ist alles: von Idealisirung keine Spur, ebensowenig wie sich in den Excursen der Historiae über Sardinia, Corsica und Hispania im zweiten, den Pontus und Creta im dritten, Mesopotamia und das fretum Siculum im vierten Buche, oder in dem situs Africae (Jug. 17—19)**) ein Versuch einer solchen oder eines rühmenden Gegensatzes gegen die Römer findet; wogegen er Cat. 6 ff. und Jug. 41 die alte Zeit Roms allerdings in ein glänzendes Licht stellt. Soviel für jetzt.

Dagegen stammen aber aus der Zeit des Augustus mehrere Stellen römischer Schriftsteller, welche die Skythen in ausdrücklichster Weise verherrlichen.

Die bekannteste derselben ist die Schilderung derselben durch Horaz, carm. III 24, 9 ff., deren Abfassung man in das Jahr 29 v. Chr. oder bald darauf verlegt. Sie lautet:

»*Campestres melius Scythae,*
quorum plaustra vagas rite trahunt domos,
vivunt et rigidi Getae,
immetata quibus iugera liberas
fruges et Cererem ferunt,
nec cultura placet longior annua,
defunctumque laboribus
aequali recreat sorte vicarius.

Illic matre carentibus
pirignis mulier temperat innocens,
nec dotata regit virum
coniunx nec nitido fidit adultero:
dos est magna parentium
virtus et metuens alterius viri
certo foedere castitus ;
et peccare nefas, aut pretium est mori.«

---

*) fg. 61: »*insulas . . . . . constabat suopte ingenio alimenta gerere*« referirt nur die Meinung des Sertorius; und 63 »*Mauri, ranum genus . . . contendebant Antipodas ultra Aethiopiam cultu Persarum iustos et egregios agere*« spricht wahrlich nicht für solche Neigungen.

**) Gätuler und Libyer »*neque moribus neque lege aut imperio cuiusquam regebantur*«, sie lebten »*uti pecora*« (Jug. 18)!

— 26 —

Darauf folgt als Gegensatz eine Schilderung der römischen Schlechtigkeit und Habsucht, welche derjenige *qui quaeret* »*pater urbium*« *subscribi statuis*, vertilgen möge. —

Vergil. Auch Vergil, nachdem er eine Beschreibung der furchtbaren Kälte des Landes, »*qua Scythiae gentes Maeotiaque unda, turbidus et . . . Hister . . . quaque . . . Rhodope porrecta*«, vorausgeschickt, beschreibt das gemüthliche Winterleben der Bewohner selbst (Georg. III 376 ff.):

> »*Ipsi in defossis specubus secura sub alta*
> *otia agunt terra, congestaque robora totasque*
> *advolvere focis ignique dedere.*
> *Hic noctem ludo ducunt et pocula laeti*
> *fermento atque acidis imitantur vitea sorbis.*
> *Talis Hyperboreo Septem subiecta trioni*
> *gens effrena virum Rhipaeo tunditur Euro*
> *et pecudum fulvis velatur corpora saetis.*«   ---

Und endlich die ausführlichste Schilderung gab bald darauf Pompeius Trogus, aus
Justinus. welchem uns Justinus II 2 folgendes mittheilt*): »*Hominibus* (sc. Scythis) *inter se nulli fines; neque enim agrum exercent nec domus illis ulla aut tectum aut sedes est, armenta et pecora semper pascentibus et per incultas solitudines errare solitis. Uxores liberosque secum in plaustris vehunt, quibus coriis imbrium hiemisque causa tectis pro domibus utuntur.***) *Justitia gentis ingeniis culta, non legibus. Nullum scelus apud eos furto gravius: quippe sine tecti munimento pecora et armenta habentibus quid inter silvas superesset. si furari liceret? Aurum et argentum non perinde ac reliqui mortales adpetunt.****) *Lacte et melle vescuntur.*†) *Lanae eis usus ignotus, et quamquam continuis frigoribus urantur, pellibus tamen ferinis ac murinis utuntur. Haec continentia illis morum quoque institiam edidit, nihil alienum concupiscentibus: quippe ibidem divitiarum cupido est, ubi et usus. Atque utinam reliquis mortalibus similis moderatio abstinentiaque alieni foret: profecto non tantum bellorum per omnia saecula terris omnibus continuaretur, neque plus hominum ferrum et arma quam na-*

---

*) II 1 entwickelt er, dass die Skythen noch älter seien als die Aegypter: auch dieser Ruhm der Skythen wird derselben Quelle entnommen sein wie II 2.
**) Valerius Flaccus VI 80 ff:
> *plaustris ad proelia cunctas*
> *Coelaletae traxere manus; ibi sutilis illis*
> *et domus et crudo residens sub vellere coniunx*
> *et puer e primo torquens temone cateias.*

Da *torquere cateias* bei Vetg. Aen. VII 741 »*Teutonico ritu*« geschieht, so scheint es, dass Flaccus, dem die Vergilische Stelle jedenfalls vorschwebte, Skythen und Germanen nach der Weise des Lucan und Seneca (s. u.) als gleichartige Völker behandelte.
***) Val. Flacc. VI 131: *ignotis insons, Arimaspe, metallis.*
†) ib. 145: *mellis honos Torynis; ditant sua mulctra Satarchen.* Uebrigens erklärt der (unächte) Brief des Skythen Anacharsis bei Cic. Tusc. V 90: »*lacte, caseo, carne vescor*«.

turalis fatorum condicio raperet: prorsus ut admirabile videatur, hoc illis naturam dare, quod Graeci longa sapientium doctrina praeceptisqu ephilosophorum consequi nequennt, cultosque mores incultae barbariae conlatione superari.*) tanto plus in illis proficit vitiorum ignoratio quam in his cognitio virtutis.«

Aus diesen drei Stellen**) ergibt sich folgende zusammenhängende Darstellung der Skythen, welchen Horaz und Vergil noch die Geten (»Anwohner des Hister«, »des Rhodopegebirges«) hinzufügen. Sie haben kein begrenztes Privateigenthum (Hor. Just.) und lösen einander im Ackerbau ab (Hor.); sie ziehen auf Wagen als Nomaden umher (Hor. Just.); ihre Kleidung sind Pelze (Verg. Just.), ihre Nahrung ist Milch und Honig (Just.). Oder sie treiben überhaupt keinen Ackerbau, nur Viehzucht (Just.), da kein Getreide, kein Baum dort gedeiht (Verg. G. III 352). Den Winter bringen sie in ausgegrabenen Höhlen bei Spiel und Trinkgelagen in fröhlicher Sorglosigkeit zu (Verg.). Ihre Sitten in der Ehe sind von hoher Reinheit (Hor.);***) man heirathet die Frauen nicht des Reichthums wegen (Hor.)†), sie sind sehr tugendhaft (id.); sie leben mit Frau und Kindern in Wagen (Just.). Der Skythen Gerechtigkeit (Just.), keiner Gesetze bedürfend (ib.)††), und Zufriedenheit (ohne Habsucht Hor. Just., ohne Diebstahl Just.) strahlt unter ihren Tugenden hervor. Das Bild des Idealvolkes ist also ein deutliches und einheitliches; am ausgeführtesten gibt es Justin, den die Dichter in einzelnen Zügen noch ergänzen. Ein Widerspruch zeigt sich nur einmal, wenn Justin sagt »*neque agrum exercent*«, Horaz aber »*nec cultura placet longior annua*« ff. -- Wie verhält sich nun dieses Bild zu der griechischen Ueberlieferung? Kein begrenztes Privateigenthum haben die Skythen nach Ephoros (s. o.); sie nomadisiren zu Wagen nach Hesiod (s. o.), Aeschylos (Prom. 709), Ephoros u. v. a. Ihre Kleidung und Nahrung schildern Herodot u. a. ganz anders; dagegen stimmt Justins »*lacte et melle vescuntur*« durchaus mit Posidonios Angabe von den mösischen Geten: μέλιτι δὲ χρῆσϑαι καὶ γάλακτι καὶ τυρῷ (s. o.), während Ephoros nur die Milch nennt, nicht auch den Honig, und stimmt auch indirect mit der Enthaltung der Skythen von Fleischnahrung nach Ephoros (der Hyperboreer nach Hellanikos). Sie treiben Viehzucht, nicht Ackerbau

---

*) Hier sei kurz an Lucian erinnert, der in seinem Toxaris Beispiele idealer skythischer Freundschaften erzählt und sie fast höher stellt als die damit verglichenen hellenischen Freundschaftsbündnisse, vgl. Luc. Anachars. 40. -- Justins Worte finden übrigens auch schon ein Analogon in den Worten Ciceros (Tusc. V 90): »*an Scythes Anacharsis potuit pro nihilo pecuniam ducere, nostrates philosophi facere non potuerunt?*«

**) Die gleichzeitigen Klagen des verbannten Ovid über Geten und Skythen sind für unsern Zweck nicht zu berücksichtigen.

***) Gegentheilige Nachrichten s. bei Ukert S. 608.

†) Dies nur ist der Sinn von *nec dotata regit virum coniunx* v. 19: auch die Frauen sind arm, aber tugendhaft. Gelehrte Auseinandersetzungen über diese Stelle in Verbindung mit Tac. Germ. 18 »*dotem non uxor marito, sed uxori maritus offert*« verfehlen den Sinne der Horazischen Worte.

††) Umgekehrt sind nach Horaz v. 35 Gesetze fruchtlos, wenn die guten Sitten fehlen.

nach Herodot (mit Ausnahme der Σκύθαι γεωργοί IV 18). Ihre Gerechtigkeit rühmen Homer, Aeschylos, Ephoros (die der Hyperboreer Hellanikos); ihre Frömmigkeit Ephoros (die der Geten Herodot und Posidonios), ihre Zufriedenheit und Einfachheit derselbe. Die übrigen Punkte werden von den betreffenden griechischen Autoren, wenn ich nichts übersehen habe, nicht erwähnt. Nun könnte man hiernach denken, Ephoros sei die gemeinsame Quelle der drei Stellen; er ist uns ja nur in einigen Auszügen erhalten und kann wohl auch Alles hier Aufgezählte enthalten haben. Trotzdem möchte ich lieber an Posidonios denken und zwar aus verschiedenen Gründen. Erstens wegen der Stelle »*lacte et melle vescuntur*«, s. oben. Zweitens geht in Justinus sehr vieles auf Posidonios zurück, wie bereits Heeren 1804 nachwies; überhaupt stand dieser in der Zeit des Augustus in hohem Ansehen (auch Diodor excerpirte ihn). Drittens sehen wir gerade nur bei ihm Skythen und Geten in einer idealisirten Sittenschilderung vereinigt (fg. 91 f.): ebenso sind beide Völker bei Horaz und Vergil vereinigt. Viertens spricht Ephoros von Weibergemeinschaft bei den Skythen: wogegen Horaz gerade die Strenge ihrer Ehen preist und Justin jeden Skythen mit Frau und Kindern seinen Wagen bewohnen lässt: an Stelle des platonisch-communistischen Ideals des Ephoros ist also das moralische Ideal getreten. Fünftens aber, und dies ist die Hauptsache, ist jener empfindsame Ton, welcher die Darstellung des Justin und Horaz durchzieht, Eigenthum des Posidonios, in keiner Weise aber auch des Ephoros. Erst jener, wie oben gezeigt wurde, stellt die Naturvölker den Hellenen preisend gegenüber, und gerade dies geschieht auch hier: Justin stellt die Skythen den Griechen, Horaz, seinem persönlichen Zweck entsprechend, sie den Römern gegenüber. Justin betont, dass die Griechen durch keine philosophischen Lehren, Horaz, dass die Römer durch keine noch so gute Gesetzgebung das einfache Ziel erreicht haben, welches die Skythen erreichten: das Ziel, tugendhaft und glücklich zu leben. Von grosser Wichtigkeit für die innere Entwickelung der Idee ist Justins Schlussfolgerung: so wird die civilisirte Welt durch die Sitten uncivilisirter Barbaren übertroffen. Diesen satirischen Gegensatz bezeichnen auch bei Horaz Worte wie *melius* v. 9, *illic* v. 17, u. a. Die Stelle, worin er von Justinus abweicht, ist vielleicht durch eine unklare Reminiscenz an die Sitte der Sueven, welche Caesar B. G. IV 1 erzählt, veranlasst, welche sich der Dichter von den Skythen, die einiges Aehnliche bieten, zu erinnern glaubte. Die Ansicht, welche unsere drei Stellen auf Sallust zurückführen will, werde ich später ausführlich besprechen und bemerke hier nur, dass auch wer dieser Ansicht folgt, obgleich sie nach S. 25 bei Sallust keine Anhaltspunkte findet, doch der weiteren Frage nicht überhoben ist, woher sie denn Sallust entnommen habe? Denn dass sie zuletzt auf einen Griechen zurückgeht, lässt der Schluss der Justinischen Worte gewiss nicht zweifelhaft.

Strabon. Hat nun Trogus, wie aus Justin zu erkennen, die Skythensage am stimmungsvollsten behandelt, so betrachtet sie bald darauf Strabon (um 18 n. Chr.) am rationellsten, und bespricht sie dann Pomponius Mela (um 41) am detaillirtesten. Doch ist auch in Strabon dieselbe Stimmung deutlich erkennbar, welche Justin hegte, wenn er sagt

(VII 301*): »Diese Annahme (von der Gerechtigkeit der Skythen) herrscht noch jetzt bei den Hellenen; denn wir halten sie für die schlichtesten, am wenigsten arglistigen Menschen, für weit einfacher und genügsamer, als wir selbst es sind; wenn auch die hellenische Lebensweise (ὁ καθ' ἡμᾶς βίος) schon fast alle Völker verschlechtert hat, indem sie Ueppigkeit, Schwelgerei, Intriguen und Begierden aller Art verbreitete. Vieles von dieser Schlechtigkeit hat nun unter andern auch die nomadisirenden Barbaren ergriffen: da wo sie am Meer wohnen, sind sie schlechter geworden, rauben, tödten die Fremden, und haben im Verkehr mit Vielen die kostspielige Lebensweise und die Gewinnsucht jener angenommen: dies scheint zwar zur Cultur zu gehören, verdirbt aber die Sitten und führt zur Verschlagenheit statt der eben genannten Schlichtheit.« Wenn Strabon aber hier die Idealisirung der Skythen selbst zugibt, sie aber mehr für die ältere Zeit als für die seinige gelten lässt, so kommt er an einer anderen Stelle — er zuerst, soviel wir wissen — nachdem er die Angaben des Ephoros besprochen, zu der richtigen Ansicht, welche dem αἰτιολογεῖν des Ephoros noch entgangen war, über die Ursache dieser Erscheinung (VII 9 p. 303): er glaubt, »dass nach allgemein angenommener Ansicht (κοινῇ τινι φήμῃ) von den Alten und den Späteren in Betreff der Nomaden geglaubt wurde, dass die von den andern Menschen am entferntesten Wohnenden γαλακτοφάγοι und ἄβιοι und sehr gerecht sind, und dass dies Homer nicht selbst erfunden hat.« Hat also Strabon zuerst p. 301 noch in einer etwas oberflächlicheren Weise die Idealisirung der Skythen mit dem vielen von ihnen bekannten Schlechten und Rohen zu vereinigen gesucht, indem er letzteres der Verschlechterung durch die hellenische Cultur zuschrieb, wobei er wohl daran dachte, dass gerade die berüchtigten Tauri an der Seeküste wohnten, so hat er später p. 303 das Richtige, die subjective Entstehungsweise jener Verherrlichung, erkannt. Denn es ist wohl besonders ihre weite Entfernung, welche, wie bei den Aethiopen, freilich bei beiden auf Homer gestützt und bei den Skythen noch dazu durch

---

*) Αὕτη δ' ἡ ὑπόληψις καὶ νῦν ἔτι συμμένει παρὰ τοῖς Ἕλλησιν· ἁπλουστάτους τε γὰρ αὐτοὺς νομίζομεν καὶ ἥκιστα κακεντρεχεῖς, εὐτελεστέρους τε πολὺ ἡμῶν καὶ αὐταρκεστέρους· καίτοι ὅ γε καθ' ἡμᾶς βίος εἰς πάντας σχεδόν τι διατέτακε τὴν πρὸς τὸ χεῖρον μεταβολήν, τρυφὴν καὶ ἡδονὰς καὶ κακοτεχνίας καὶ πλεονεξίας μυρίας πρὸς ταῦτ' εἰσάγων· πολὺ οὖν τῆς τοιαύτης κακίας καὶ εἰς τοὺς βαρβάρους ἐμπέπτωκε τούς τε ἄλλους καὶ τοὺς νομάδας· καὶ γὰρ θαλάττης ἁψάμενοι χείρους γεγόνασι λῃστεύοντες καὶ ξενοκτονοῦντες, καὶ ἐπιπλεκόμενοι πολλοῖς μεταλαμβάνουσι τῆς ἐκείνων πολυτελείας καὶ καπηλείας· ἃ δοκεῖ μὲν εἰς ἡμερότητα συντείνειν, διαφθείρει δὲ τὰ ἤθη καὶ ποικιλίαν ἀντὶ τῆς ἁπλότητος τῆς ἄρτι λεχθείσης εἰσάγει. — p. 303: Κοινῇ τινι φήμῃ καὶ ὑπὸ τῶν παλαιῶν καὶ ὑπὸ τῶν ὑστέρων πεπιστεῦσθαι συνέβαινε τὸ τῶν νομάδων, τοὺς μάλιστα ἀπῳκισμένους ἀπὸ τῶν ἄλλων ἀνθρώπων γαλακτοφάγους τε εἶναι καὶ ἀβίους καὶ δικαιοτάτους, ἀλλ' οὐχ ὑπὸ Ὁμήρου πεπλάσθαι.

die Nachbarschaft der Hyperboreer gefördert, die Idealisirung veranlasste. Von der hellenischen Cultur glaubt er p. 301 die Skythen schon ergriffen, während sie bei Justin in völligem Gegensatz zu derselben stehen; dass diese als schlecht und verschlechternd geschildert wird, ist etwas Neues und Eigenthümliches.*) Erinnern wir uns der ähnlichen Urtheile über Ligurer und Britannier, die wir auf Posidonios zurückführten, so sehen wir uns hier von Neuem auf die Analogie mit den Ἱστορίαι dieses bedeutenden Mannes hingewiesen: es tritt uns ja der satirische Gegensatz der ἡμεῖς, des καθ' ἡμᾶς βίος zu der Einfachheit der Barbaren, der Gegensatz für welchen die römischen Schriftsteller ihr significantes »ibi« oder »illic« anwenden, gerade bei Posidonios zuerst scharf ausgeprägt entgegen.

Mela. Anders als Strabon weiss der Geograph Pomponius Mela den Widerspruch zwischen den rohen und den idealisirten Skythen zu heben. Er folgt dem Ephoros (schwerlich, wie man wohl meinte, dem Herodot) als seiner (ob directen?) Hauptquelle,**) und zwar auch darin folgt er ihm, dass er einfach zwischen den einzelnen Völkerschaften unterscheidet und den einen das Treffliche, den andern aber das Schlechte zuschreibt, was man von den Skythen erzählte.***)

Im Allgemeinen nennt er die nördlichen Anwohner des Pontus Euxinus »asperi, inculti, pernoxii appulsis« (I 106), dies gilt insbesondere für die Tauri, welche »immanes sunt moribus immanemque famam habent« (II 11); ebenso sind ihm die Sarmatae »gens immanis atque atrox« (III 34); die Bewohner des Innern »bella caedesque amant« (II 12); ihr »ritus asperior« wird mit Beispielen roher Sitten belegt, welche den von Herodot erzählten ähnlich sind.

Andererseits führt er von einzelnen Stämmen†) folgendes an: II 10 »Sarthae (?) (eher Satarchae) auri et argenti maximarum pestium ignari vice rerum commercia exercent, atque ob saeva hiemis admodum adsiduae demersis in humum sedibus specus aut suffossa habitant, totum bracati corpus, et nisi qua vident etiam ora restiti«. Der Anfang dieser Beschreibung stimmt mit Justinus, die Mitte mit Vergil, der Schluss nicht mit ihnen überein. Ferner II 11: »Asiacae furari quid sit ignorant: ideoque nec sua custodiunt nec aliena contingunt.« Stimmt ebenfalls mit Justin. »Sauromatae quia pro sedibus plaustra

---

*) Das Leben uncivilisirter Völker ist nach Strab. XII p. 513 αὐθέκαστος μὲν σκαιός τε καὶ ἄγριος καὶ πολεμικός, πρὸς δὲ τὰ συμβόλαια ἁπλοῦς καὶ ἀκάπηλος.

**) Vgl. z. B die Angabe über die Γυναικοκρατούμενοι bei Mela I 116 und bei Ephoros ap. Scymn. v. 885.

***) Ἔφορος ... φησὶν εἶναι τῶν τε ἄλλων Σκυθῶν καὶ τῶν Σαυροματῶν τοὺς βίους ἀνομοίους ff. Strabon, s. oben S. 18. Aehnlich macht es mit dichterischer Freiheit Valerius Flaccus im Anfang des sechsten Buches seiner Argonautica.

†) Theilweise noch übertreibend folgt ihm Solinus 15, 14 p. 95 Mo. »Asiacae neque mirantur aliena neque sua diligunt. Satarchae usu auri argentique damnato in aeternum (!) se a publica avaritia vindicarunt.«

habent, dicti Amaxobioe« (II 2) stimmt ausser dem Namen mit Horaz, Sallust, Ephorus, Herodot, Hesiod; der Name Amaxobioe aber erscheint hier zum ersten Male (ἁμάξοικοι bei Strabon). Die Aremphaei (I 117) sind *iustissimi* und *sacri*, wie es schon Herodot erzählt (s. S. 15), dessen Bericht Mela hier folgt, freilich ohne mit Herodot auch zuzufügen, dass dieses Volk gar nicht zu den Skythen zu zählen sei. Endlich die Hyperborei (III 36, 37), nach Pindar und Hekataeos hier wieder ausführlich beschrieben: ihr Land sei »*augusta, aprica, per se fertilis.**) *Cultores iustissimi et diutius quam ulli mortalium et beatius vivunt. Quippe festo semper otio laeti non bella novere, non iurgia*«; sie verehren den Apollon in Delos und geben sich, sind sie des Lebens müde, in heiterer Stimmung selbst den Tod. Eine spätere genaue Schilderung desselben Volkes gibt Plinius N. H. IV 89 ff., welche zwar nicht ausschliesslich den Mela wiedergibt — denn Plinius weist ihn sogar, aber mit Unrecht, als *imperitus* zurecht, — aber doch in vielen Dingen ihm so auffallend ähnlich ist, selbst bis in einzelne Worte hinein, dass Plinius auf Mela im Ganzen jedenfalls fussen muss. Herodot und wohl auch Ephoros, in dessen Skythenschilderung weder Strabon noch Skymnos oder Nikolaos der Hyperboreer gedenkt, und jedenfalls auch Hekataeos, der ihnen Wohnsitze jenseits der Kelten gibt, rechneten die Hyperboreer nicht zu den Skythen; Mela und Plinius aber rechnen sie dazu, einer gemeinsamen Quelle folgend. So folgt also Mela theils realistischen Berichten nach Art des Herodot, theils idealisirenden nach Art des Ephoros. Dabei ist aber auffallend, dass Ephoros gerade die von Mela hauptsächlich gepriesenen Stämme der Satarchae und Asiacae nicht zu nennen scheint, während er (fg. 76 und 78) die übrigen Skythenstämme sorgfältig aufzählt. Wenn nun gerade die Schilderung der Satarchae und Asiacae an die Gedanken, ja an Worte Justins anklingt, wenn ferner für Justin eine Benutzung des Posidonios wahrscheinlich ist, so mag auch wohl Mela seine im Ganzen dem Ephoros folgende Darstellung durch Ergänzungen aus Posidonios bereichert haben. *Sed haec in incerto relinquo.* Für die Hyperboreer folgte er ihm jedoch nicht; vielmehr soll Posidonios diese nördlich von Italien in den Alpen angenommen haben (s. o. S. 23 und Excurs).

Plinius endlich bespricht im 4. Buche der Naturalis Historia die Skythen ganz sachlich und trocken; die Stelle über die Hyperboreer beruht meist auf Mela; s. o.

Die von Strabon erkannte Wahrheit, dass man »die entlegensten Völker« gerne für die gerechtesten hielt, bestätigt sich auch an den noch ferner als die Skythen im Osten wohnenden Sereru. Nicht nur sind diese, was mit solcher Lobpreisung ja öfter verbunden erscheint,**) mit sehr langem Leben beglückt (sie leben über 200 Jahre, Strabon XV 702; ja 300 Jahre nach Luc. Macrob. 5), sondern sie sind auch ein »*genus plenum iustitiae*« (Mela III 60) oder »*mites*« (Plin. VI 54); ja ein Zweig von ihnen, die Attacori,

---

*) Auch eine Insel Talge im Kaspischen Meer (III 58) sei »*sine cultu fertilis, fruge ac fructibus abundans*,« und den Göttern geweiht: auch eine Art Insel der Seligen.
**) Vgl. oben S. 7.

sind den Hyperboreern an Glückseligkeit ähnlich, und ihre Erwähnung bei Plinius klingt an die Schilderung derselben an (VI 55):*) »*sinus et gens hominum Attacororum, apricis ab omni noxio adflatu seclusa collibus. eadem qua Hyperborei degunt temperie. de iis privatim condidit volumen Amometus, sicut Hecataeus de Hyperboreis.*« Diese Stelle schrieb später Solinus (p. 202, 17 M.) und die des Solinus Martianus Capella (p. 240 E.) aus.

Hiermit sei dieser Abschnitt beendet, ohne auch spätere Autoren (wie Ammian. Marc. XXIII 6, 62) zu berücksichtigen. —

II.

Wir haben die Geschichte der Skythensage bei den Griechen und Römern verfolgt; es bleibt nun übrig, die Uebertragung dieser Vorstellungen auf die Germanen zu begründen.

Die Römer. Dass dem römischen Volke im Anfang der Kaiserzeit, wie schon kurz vorher, dieser Ideenkreis sehr zusagte, ergibt sich bereits aus dem Vorigen: der Rückblick in die bessere alte Zeit, der Wunsch des Sertorius, die Lobpreisungen der Skythen unter Augustus, dazu der Ausdruck der Hoffnung auf eine bessere Zukunft (wie in Vergils vierter Ecloge) und manches andere, was über den Kreis dieser Abhandlung hinausgeht, beweist das häufige Vorhandensein dieser Verherrlichung des räumlich oder zeitlich Entlegenen. Auf welchem gemeinsamen Grunde beruht die grosse Verbreitung dieser Stimmung?

Das römische Reich hatte durch das Kaiserthum in vielen Beziehungen ausserordentlich gewonnen; Ruhe, Ordnung und Sicherheit der bürgerlichen Existenz waren wiedergekehrt, der Wohlstand hatte sich sehr gehoben, die Rechtspflege und manches Andere war bedeutend verbessert worden. Indem wir mit den gleichzeitigen Lobrednern und mit der jetzt herrschenden Richtung in der Darstellung der römischen Kaiserzeit alle diese Vorzüge unumwunden anerkennen, dürfen wir anderseits nicht leugnen, dass in dem inneren Leben des Volkes vieles faul, ja abgestorben war: Fehler, die zum Theil aus früherer Zeit herstammten, zum Theil gerade in der Zeit der ungestörten Ruhe sich entwickelten. Diese Mängel stammen aber vorzüglich aus der herrschend gewordenen schrankenlosen Genusssucht. In der Welthauptstadt war diese am stärksten, und mit ihr ihre unausbleiblichen Folgen: Blasirtheit, Unbehaglichkeit, ein unnatürlicher und aufreibender Zustand des Lebens. Woher auch sonst das Ueberhandnehmen des Selbstmordes, der Gleichgültigkeit gegen das Leben, welches dem Uebersättigten nichts mehr zu bieten vermochte? Es wäre falsch, diese Zunahme blos einer Theorie zuschreiben zu wollen, der der stoischen Philosophie, statt

---

*) Vgl. Plinius über die Hyperboreer VI 89: *regio aprica, felici temperie, omni adflatu noxio carens.*

auch den vermehrten Einfluss dieser auf bessere Seelen auf denselben Grund zurückzuführen. Ganz besonders in Rom selbst übte denn die Entsittlichung und dadurch erzeugte Unbefriedigtheit auf edlere und zugleich phantasievollere Gemüther ihre naturgemässe Wirkung aus, das hier verlorene Glück und die entschwundene Tugend, Einfachheit und Mannhaftigkeit in einer — räumlichen oder zeitlichen — Ferne zu suchen. Daher stammt z. B. seit der letzten schlimmen Zeit der Republik, und kaum seit viel früher, die in manchen Punkten so unhistorische Verherrlichung der guten alten Zeit Roms, die den Romulus und den strengen Cato (es kam auf das Jahrhundert nicht eben viel an) hervorgebracht hatte. In der Kaiserzeit geschah denn nach Augustus folgendes: bei der persönlichen Schlechtigkeit so vieler Kaiser wenden sich die edelsten Männer von ihnen ab und der Opposition zu, welche als eine mehr oder weniger erkennbare, praktisch freilich wirkungslose politische Partei im Stillen fortbestand und nach der alten Zeit der aristokratisch-republikanischen Freiheit sehnsüchtig zurückblickte. So verbanden sich allmählich diejenigen, welche der stoischen Philosophie, besonders nach der ethischen Seite derselben, anhingen, mit der missvergnügten, zu selbstständigem Schaffen aber unfähigen Aristokratie zu einer Opposition eigenthümlicher Art, welche nach beiden Seiten hin ihr Vorbild in dem schroffen Widersacher Cäsars fand, in Cato von Utica. Nun hatte schon dieser — und damit komme ich auf mein engeres Thema zurück — einst im Senate gesagt (Plut. Cato 51), ὡς οὐ Γερμανῶν οὐδὲ Κελτῶν παῖδας, ἀλλ' ἐκεῖνον αὐτόν (sc. τὸν Καίσαρα), εἰ σωφρονοῦσι, φοβητέον ἐστὶν αὐτοῖς, ja noch mehr, er hatte (Plut. ibid.), als Cäsar trotz eines Waffenstillstandes die Germanen angegriffen und 300,000 derselben niedergestreckt haben sollte und desshalb Freudenfeste beantragt wurden, geradezu gefordert, man solle den Feldherrn den hintergangenen Feinden ausliefern: ἐκδιδόναι τὸν Καίσαρα τοῖς παρανομηθεῖσι καὶ μὴ τρέπειν εἰς αὐτοὺς μηδὲ ἀναδέχεσθαι τὸ ἄγος εἰς τὴν πόλιν. Diese Art von Sympathie mit den Germanen oder mehr noch von Antipathie gegen die Machthaber, welche sie bekämpften, verbleibt nun der genannten Partei während des ersten Jahrhunderts. Es gehörten zu ihr u. a. (vgl. H. Schiller, Geschichte Nero's S. 666 ff.) Thrasea Paetus und sein Schwiegersohn Helvidius Priscus, von Schriftstellern Persius. Musonius Rufus, Lucanus, der Theorie nach auch der wankelmüthige Seneca u. A. bis zuletzt zu Tacitus. Sie suchten und fanden bei den Naturvölkern ausser der Tugend und dem Glück auch die Freiheit, welche sie in Rom vermissten. In dieser Vorstellung verbinden sich nun die altbekannten Skythen mit den Germanen; letztere aber, als für die Römer viel wichtiger, treten ganz bedeutend in den Vordergrund. So finden wir denn bei Lucan und Seneca eine Reihe von bisher noch nicht beachteten Aeusserungen, in denen das Lob ihrer Freiheit, ihres Glückes, ihrer Naturkraft und Tapferkeit stets im Gegensatz gegen die Zustände Roms ausgedrückt ist. Cäsars Sieg bei Pharsalus, klagt Lucan VII 432 ff., bewirkte,

quod fugiens civile nefas rediturnque numquam
Libertas ultra Tigrim Rhenumque recessit,
ac toliens nobis iugulo quaesita vagatur.

_{Stoische Opposition.}

_{Lucan.}

> *Germanum Scythicumque bonum, nec respicit ultra*
> *Ausoniam.*

Und VIII 363 f. preist Lucan die Todesverachtung der nördlichen Völker:
> *omnis in Arctois populus quicumque pruinis*
> *nascitur, indomitus bellis, et mortis amator,*

was er I 458 ff. des Näheren ausführt:
> *certe populi, quos despicit Arctos*
> *felices errore suo, quos ille timorum*
> *maximus haud urget, leti metus. Inde ruendi*
> *in ferrum mens prona viris, animaeque rapaces*
> *mortis: et ignavum, rediturae parcere vitae.*

Auch in dieser Stelle ist von den Germanen mit die Rede, wenn sie sich auch zunächst an die von den Druiden den Galliern überlieferte Lehre von der Unsterblichkeit der Seele und die dadurch entflammte Tapferkeit*) anschliesst. Auch Appian nennt die Germanen des Ariovist »Todesverächter aus Hoffnung auf ein Wiederaufleben.«**)

Seneca. Aehnlicher Stellen finden wir bei Seneca nicht wenige. In der Abhandlung *De ira* kommt er mehrfach auf die leidenschaftliche Art der Germanen zu sprechen, in welcher er ihren einzigen Fehler, aber auch ihren grössten Schaden sieht.***) So I 11, 2: »*Germanis quid est animosius, quid ad incursum acrius, quid armorum cupidius? . . quid induratius ad omnem patientiam? ut quibus magna ex parte non tegumenta corporum provisa sunt, non suffugia adversus perpetuum caeli rigorem. Hos tamen . . molles bello viri . . caedunt, ob nullam rem aliam opportunos quam ob iracundiam. Agedum, illis corporibus, illis animis delicias luxum opes ignorantibus da rationem, da disciplinam: ut nihil amplius dicam, necesse erit nobis certe mores Romanos repetere.*« Man erkennt leicht die Vorliebe des Stoikers, der in manchen Dingen trotz seines ausgesprochenen Patriotismus in den Germanen seine stoischen Normalmenschen zu finden scheint; man sieht am Schluss auch den bewussten Gegensatz gegen Rom; ja man wird durch diese Stelle sogar schon an den berühmten Wunsch des Tacitus erinnert Germ. 33 (s. u.) Nur die *ira* sei ihr Fehler; vgl. II 15, 1: »*Ut scias*«, inquit. »*iram habere in se generosi aliquid, liberas videbis gentes, quae iracundissimae sunt, ut Germanos et Scythas*«. *Quod evenit, quia fortiora solidaque natura ingenia, antequam disciplina molliantur, prona in iram sunt . . . non ideo vitia non*

---

*) Caesar B. G. VI 14. Auch bei den Geten herrschte dieser Glaube (οἱ ἀθανατίζοντες Herod. IV 94, V 4, u. v. a.) und die dadurch bewirkte Tapferkeit und Todesverachtung (Mela II 18): s. S. 16 f.

**) App. Celt. 1: θανάτου καταφρονηταὶ δι' ἐλπίδα ἀναβιώσεως. Die Ausdauer, Tapferkeit und Genügsamkeit der Germanen, zugleich aber auch die Undisciplinirtheit ihrer Massen wird von Appian l. c. genauer beschrieben.

***) Vgl. hierzu Tacitus Germ. 23, 2. 30, 2. Seneca hat an anderen Stellen inconsequenter Weise den gut kaiserlichen Germanenhasser gespielt: ad Polyb. 34. ad Marc. 3.

sunt, si naturae melioris indicia sunt. Deinde omnes istae feritate liberae gentes leonum luporumque ritu, ut servire non possunt, ita nec imperare.« Auch diese ira sei ein Zeichen einer starken Natur, eines »besseren Geistes« (ib. 2); nur »ingenia natura fortia iracundiam ferunt, nihilque tenue et exile capiunt, ignea et fervida.« Das hier den Germanen gespendete Lob nebst seiner Einschränkung ist schon stark in Taciteischer Art gehalten: man fühlt, dass Rom in realem Verhältniss zu den Germanen stand (was den Griechen gegen die Skythen fehlte) und auch in seiner Verherrlichung unwillkürlich gern den Wurzeln germanischer Kraft nachforschte. Mit pathetischem Lob gedenkt Seneca eines Germanen, der sich zu Rom »in ludo bestiariorum« selbst tödtete; dies musste den Stoiker anmuthen und ihm sogar imponiren. »O virum fortem! o dignum, cui fati daretur electio! quam fortiter ille gladio usus esset!« (Epp. 70 9). Insbesondere die Einfachheit, die Bedürfnisslosigkeit der nördlichen Völker, welche sie glücklich und zufrieden macht, gilt ihm, ebenfalls vom Standpunkt des Stoicismus aus, als preisenswerth; vgl. de provid. 4, 12: »Omnes considera gentes, in quibus Romana pax desinit: Germanos dico et quicquid circa Istrum vagarum gentium occursat. Perpetua illos hiems, triste caelum premit, maligne solum sterile sustentat, imbrem culmo aut fronde defendunt, super durata glacie stagna persultant, in alimentum feras captant. Miseri tibi videntur? Nihil miserum est, quod in naturam consuetudo perduxit. Paulatim enim voluptati sunt, quae necessitate coeperunt. Nulla illis domicilia, nullae sedes sunt, nisi quas lassitudo in diem posuit; vilis, et hic quaerendus manu, victus; horrenda iniquitas caeli, intecta corpora: hoc quod tibi calamitas videtur, tot gentium vita est.« Auch Musonius Rufus, der stoische Moralist, preist manche Dinge als naturgemäss, welche wir bei Skythen und Germanen erwähnt finden, wie z. B. das Leben in Höhlen statt in Häusern, das Verzehren roher statt gekochter Speisen.

Wir sehen also, dass die Idealisirung der nördlichen Naturvölker aus uralter Zeit stammt, aber in den unbehaglichen Verhältnissen des ersten Jahrhunderts n. Chr. besondere Stärke und Ausdehnung gewann. Es ist hier der Ort, ein analoges Verhältniss aus neuerer Zeit zu erwähnen, welches u. a. von Pallmann (Gesch. d. Völkerwanderung I p. 15) berührt ist und wozu mir Herr Prof. Creizenach mehrere beachtenswerthe Erweiterungen nachwies. Ich meine die Schwärmerei für Naturvölker, welche im 18. Jahrhundert herrschte, als viele den überlieferten künstlichen, unfreien Formen des Lebens mit unbehaglichen Empfindungen gegenüberstanden. Das elegische Sehnen nach einem glückseligen Eiland oder einem sanften arkadischen Schäferleben (wie in Florian's und Sal. Gessner's Gedichten), welches auch den Robinsonaden ihren grossen Erfolg verschaffte, verband sich mit der Schwärmerei für eine bessere Vorzeit. Man denke an die Klopstock'schen Lobpreisungen der alten Teutschen oder an die Begeisterung für die uralten Hochschotten, welche Macpherson's — gefälschter — Ossian entzündete! Auch noch in der Gegenwart aber sollten solche bessere Menschen leben, jedoch natürlich weit entfernt von dem Schauplatz der eigenen Knechtung und Unnatur; z. B. in den Hochalpen, deren Schönheit man damals allmählich empfinden lernte, lebte ein Geschlecht, von Haller als einfach, frei und bieder gepriesen, auch als glücklich, da es (wie Cäsars Sueven) den Luxus des Weines meide (!); Perser, Araber, Chinesen galten als besser als die Europäer: so lobt Chr. Wolf als die beste Moral die chinesische, so werden Araber oder Perser in den Fabeln, Parabeln u. s. w. jener Zeit als den Christen an Weisheit und Tugend überlegen hingestellt, und ähnlich enstanden ist die Scenerie von Montesquieu's Lettres persanes. Ganz besonders lebhaft aber wurde diese Schwärmerei, als durch Wilson's, Forster's und Cook's Entdeckungsreisen auf den reizenden Inseln der Südsee harmlose Völker entdeckt wurden, welche den Idealen des naturgemässen Glückes völlig zu entsprechen schienen. Diese und mit ihnen die hochherzigen, tapfern Indianer, letztere schon darum, weil sie mit der Cultur der Europäer im Kriege lebten, — also »die Wilden« — wurden nun idealisirt nach einer von Rousseau in pseudo-wissenschaftlicher Weise geführten Vertheidigung (z. Th. klingt sie an die Worte des Justinus an); welche Anschauung dann in Voltaire's Ingénu satirisch verwerthet, in der französischen Literatur durch Bernardin de St. Pierre, Chateaubriand u. a. fortgepflanzt, in der deutschen und englischen durch zahlreiche Romane eingebürgert worden ist. Es ist diejenige Anschauung, welche Seume's bekanntes Gedicht »der Wilde« (1804) von dem »Canadier, der noch Europens übertünchte Höflichkeit nicht kannte« beherrscht und ihn zu dem pathetischen Ausruf verleitet: »Seht, wir Wilden sind doch bess're Menschen!« — während doch nach nüchternen Beurtheilern sich die Wirklichkeit von der Idealisirung jener Völker himmelweit unterscheidet. Aber man sehnte sich eben nach Natur und Freiheit, und beides glaubte man phantastisch dort verwirklicht zu sehen.

Germanen und Skythen. Ist nun die subjective Berechtigung der Kaiserzeit zur Verherrlichung der Naturvölker nachgewiesen, so ist doch die Frage noch nicht vollständig beantwortet: warum wählte man dazu ausser den Skythen vorzugsweise gerade die Germanen? warum nicht auch Pannonier und Noriker, Iberer und Gätuler, Araber und Parther? Dazu wirkten wohl mehrere Ursachen zusammen.

Erstens, wie schon ausgeführt, war für die stoische Opposition gegen das Kaiserthum gerade ein solches Volk erwünscht, welches die Kaiser stets besiegen wollten und doch nicht besiegen konnten: es erinnerte dies an die Grenzen der kaiserlichen Allmacht. Aber liessen sich nicht in diesem Sinne auch die Parther verwerthen? Nein; ihres despotischen Regiments wegen nicht; die Germanen dagegen galten zugleich als ein Beispiel (aristokratischer) *libertas*.*) Nicht Asinius Pollio, wie ich früher glaubte, auch nicht Livius, welcher im .104. Buche »*situm Germaniae moresque*« darstellte, können diese Richtung begründet haben: sie ist vielmehr gerade mit der stoischen Opposition eng verwachsen und ist ihr eigenes Werk.

Zweitens, wie oben gezeigt, ging Posidonios zuerst auf die Verherrlichung der nordwestlichen Naturvölker ein, doch ohne noch gerade die Germanen in diesem Sinne zu behandeln. Nun ist im Excurs (s. u.) der Grund nachgewiesen, wesshalb das Idealvolk der

---

*) *Regno Arsacis acrior est Germanorum libertas*: Tac. Germ. 37.

glücklichen Hyperboreer auch in den Westen versetzt wurde: Heraklides bezeichnet die Kelten als die Hyperboreer, Posidonios selbst versetzt die Hyperboreer an die Alpen, d. h. in seinem Sinne an die Donauquellen — also ziemlich in das Gebiet der Germanen! Auch dieser Umstand kann (aber, ich betone dies, nur unbewusst und unbeabsichtigt) zu der Verherrlichung der Germanen beigetragen haben, da Posidonios in jener Zeit ein hohes Ansehen genoss.

Endlich aber ist der Uebergang von den Skythen zu den Germanen dadurch erleichtert, dass beide Völker nach der Kenntniss der Alten eine Reihe von Aehnlichkeiten besassen, freilich daneben auch so viele Verschiedenheiten, dass eine gleichsam selbstverständliche Identificirung, welche man behauptete (s. u.), unmöglich wird.*) Beide also wohnen frei jenseit der Nordgrenze des Reichs, in kalten unwirthlichen Gebieten; beide achten den Kriegerstand am höchsten, sind muthig und hitzig (das θυμοειδές der Skythen bei Platon l. c., die *iracundia* der Germanen bei Seneca l. c.) freimüthig, was z. B. von dem skythischen Anacharsis allgemein bekannt war, so dass man geradezu eine freimüthige Rede »ἡ ἀπὸ Σκυθῶν ῥῆσις« (Diog. L. I 101, vgl. Ath. XII 524 e) nennen konnte, und was von den Germanen gleichfalls gerühmt wurde; man denke an die freimüthige Rede- und Handlungsweise deutscher Gesandten im Theater zu Rom (Tac. ann. XIII 54. Suet. Claud. 25). Beide Völker sind tüchtige Krieger und Jäger, beide von einfachen, unverfeinerten Sitten, beide leben nicht in Städten, betreiben wenig oder keinen Ackerbau, sondern züchten Viehheerden, beide haben kein begrenztes Privateigenthum, treiben keine Geldgeschäfte (Ephoros, Just., Tac. c. 5; 26); beide sind derselben Schwäche unterworfen: der Trunksucht. Beide beriethen beim Trinkgelage und beschlossen später nüchtern (Eustath. ad Od. γ 138. Tacit. Germ. 22). Die durch den Unsterblichkeitsglauben bewirkte Tapferkeit erwähnt Lucan wie von den Galliern so von den Germanen; Herodot aber von den Geten. Beide führen die Frauen mit in die Schlacht (Ukert S. 281 f. Tac. 7. 8). Beide haben blaue Augen und schlichtes röthlichblondes Haar (Ukert 287 f. gibt die Stellen), beide leben vorzüglich von Milch und Fleisch (Strab. XI 493. Cic. Tusc. V 90; anders freilich Ephoros; Caes. IV 1; Tac. 23). — Die Scythen des Horaz, Vergil, Justin haben ferner mit den Germanen des Tacitus gemein: die Reinheit der Ehe und strenge Bestrafung des Ehebruchs (Hor., Tac. c. 19 [über die Frage der Mitgift s. S. 27], den jährlichen Wechsel im Bebauen des Ackers (Hor. Caes. IV 1. Tac. 26), den Aufenthalt in Höhlen während des Winters (Verg., Tac. 16), das lange Verweilen bei Spiel und Trinkgelage (Verg., aber anders Tac. 23; 24); im Allgemeinen auch die Herleitung ihrer Vorzüge aus guten Sitten, nicht aus guten Gesetzen (Just., nicht Hor.; Tac. c. 19). Auch die von Manchen damals angenommene Namensverwandtschaft der Kimmerier (Skythen) und der Cimbern mag hier erwähnt sein.

Damit ist die Gleichheit oder Aehnlichkeit aber ziemlich abgeschlossen, und alles

---

*) »Skythen und Galater«, also die Völker des Nordens, stellt schon Polybios IX 34. 11 einander gleich, aber in der Treulosigkeit! cf. Strab. XI 507.

andere ist bei beiden Völkern verschieden. Die Skythen nomadisiren, die Deutschen haben feste Wohnsitze (Tac. 16; *domos figunt*, dadurch unterschieden von den »*Sarmatis in plaustro equoque viventibus*«: Tac. 46); ja sie sind im Frieden sehr gern in ihrem Hause (c. 17). Die Skythen kleiden sich ganz in Felle oder sind *bracati*, so dass nur das Antlitz frei bleibt (Just. Mela),*) die Deutschen tragen ein *sagum* oder kleine Felle, sind aber zu Hause *intecti* (Sall. H. III 57 K. Tac. 17.; »*magna corporis parte nuda*« Caes. VI 21). Das weinähnliche Getränk der Germanen wird aus Gerste (Tac. 23), das der Skythen aus der sauren Frucht des Speierlingbaumes (Verg. G. III 380) bereitet. Die Skythen werden regiert, die Germanen berathen in Volksversammlungen (c. 11). Jene nur schiessen mit vergifteten Pfeilen. Jene baden stets warm, diese in den Flüssen kalt. Und so liesse sich wohl noch anderes anführen, um zu zeigen, dass Tacitus auch wo er mit der Schilderung der Scythen übereinstimmt, nicht etwa scythische Sitte unbesehen auf die Germanen überträgt. Dazu kommt, dass er gerade in einzelnen Punkten, wo er von jenen abweicht, mit Caesar's Germanenschilderungen zusammentrifft, — so was die Kleidung und die Nahrung angeht. Ich musste dies hier constatiren und nochmals hervorheben, dass demnach die Aehnlichkeit zwischen Tacitus und den drei Beschreibungen der Skythen eine theils rein zufällige (man hat sogar Stellen angeführt, welche nur in den Worten ähnlich, im Inhalt aber ganz verschieden sind:**) solche Stellen zu besprechen halte ich für unnöthig), theils durch die Sache selbst sich mit Nothwendigkeit ergebende ist, um den Standpunkt anzudeuten, den ich in der folgenden Untersuchung einnehmen werde.

Die Germanen bei Sallust.

Denn eins ist jetzt die Zeit, eine Ansicht zu erörtern, welche sich vielfach Bahn gebrochen hat, seitdem sie zuerst 1853 von Kritz (ed. Sallustii III p. 238) kurz aufgestellt, dann 1859 von Rudolf Köpke***) in geistvoller Weise vertheidigt wurde: die Ansicht nämlich, welche aus den erwähnten Aehnlichkeiten der Germanen des Tacitus und der Scythen des Justin, Horaz und Vergil die Folgerung zieht, alle die genannten Schriftsteller müssten aus einer und derselben Quelle geschöpft haben, welche so abgefasst gewesen sei, dass sie für Germanen und Scythen gleichmässig zu gelten schien; diese Quelle aber seien die Historiae des Sallust gewesen, welcher bei der Erzählung der von den nördlichen

---

*) Wird auch später nur von den Skythen angeführt, z. B. bei Seneca epp. 90.
**) So z. B. Wiedemann (a. u.) S. 175 bringt Tac. 23, 2 mit Justin. I 8, 7 zusammen: aber jener enthält eine allgemeine Bemerkung über die Trunksucht der Germanen, dieser erzählt nur einen Einzelfall von Trunkenheit der Skythen.
***) R. Köpke, Die Anfänge des Königthums bei den Gothen (Berlin 1859) S. 208—226. Einzelne Punkte sind vervollständigt von Th. Wiedemann, Ueber eine Quelle von Tacitus' Germania, in: Forschungen zur deutschen Geschichte, Bd. IV 1 (Göttingen 1864), S. 171—194, vgl. auch C. Breuker, *Quo iure Sallustius Tacito in describendis Germanorum moribus auctor fuisse putetur* (Programm des Friedr. Wilh. Gymnasiums zu Köln, 1870); eine Fortsetzung dieser Abhandlung, welche eine Widerlegung der Ansichten Köpke's und Wiedemann's enthalten sollte (p. 4), ist meines Wissens noch nicht erschienen. Baumstark S. 100 ff. erklärt sich gegen diese Hypothese.

Verbündeten des pontischen Königs Mithradates*) geführten Kriege einen von den Alten als *situs Ponti* oder *situs Ponticus* (fg. III 44, 45 K.) angeführten Excurs eingeschaltet habe, in welchem er »etwa scythische Sitte auf die noch fremderen Germanen übertragen haben könnte« (Köpke S. 221), oder wie mit mehr Besonnenheit Wiedemann meint, in welchem Geten, Scythen und Bastarner als Anwohner des schwarzen Meeres beschrieben wurden. Nun seien aber die Bastarner, Nachbarn der Scythen und von gleichen Sitten mit diesen, ein germanischer Stamm gewesen, und diese Vermittlung habe bewirkt, dass so ziemlich die gleiche Schilderung von Scythen und Germanen gelten konnte. Ueberdies sei gerade Sallust bei seiner tiefen Unbefriedigtheit mit den römischen Zuständen ein Autor, dem solche Idealisirung von Naturvölkern mit innerer Berechtigung zugeschrieben werden könne; und gerade in seinen ethischen Nutzanwendungen sei er vielfach nachgeahmt worden.

In recht scharfsinniger Weise ist diese Hypothese aufgebaut, und doch wird sie hinfällig, sobald man die Schwäche ihrer Grundlage erkennt. Gleich von Anfang an, ehe er noch in der Betrachtung der Skythen selbst einen festen Standpunkt eingenommen hat, mischt nämlich Köpke auch die Germanen Cäsar's ein, und da auch diese ohne Privatgrundbesitz die Aecker jährlich wechseln — alles was Köpke sonst noch anführt, ist als Vergleichungsobject hinfällig — so lässt er dies eine Moment genügen, um ein bestimmtes Verhältniss der Darstellung des Horaz, Vergil und Justin zu Cäsar zu statuiren. Als ob nicht dergleichen bei Naturvölkern mehrfach vorkommen, und als ob die Nachricht des Horaz, welcher allein dies von den Scythen berichtet, nicht auch auf einem Irrthum beruhen könnte (s. S. 28). Aber auch alles Andere, was für die Ableitung der Berichte über Scythen und Germanen aus Sallust vorgebracht wird, ist unhaltbar. Erstens: Sallust erwähnt die Germanen in einem Fragmente der Historiae: »*Germani | »cetera«* ergänzt Dietsch] *intectum renonibus corpus tegunt«* (III fg. 57 Kritz), vgl. »*Vestes de pellibus renones vocantur«* (58 K.). Weit entfernt aber, sich auf germanische Völker am schwarzen Meere zu beziehen, ist dies vielmehr gerade der Beschreibung Cäsar's, welche auch Köpke dafür anführt, also derjenigen der überrheinischen Germanen entnommen. Nur zu dieser passt ja auch das *intectum corpus*; denn bei Cäsar steht (B. G. VI 21): »*Germani . . . pellibus aut parvis renonum tegimentis utuntur, magna corporis parte nuda.«* Bei den östlichen Völkern am schwarzen Meere hören wir dagegen stets nur von vollständiger Pelzbekleidung, wie z. B. gerade an den betreffenden Stellen Vergils und Justins, nie aber von so leichter Tracht. Auch fg. III 78 Kr. »*Crixo et gentis eiusdem Gallis atque Germanis«* sind nnr die Germanen des eigentlichen Deutschlands gemeint. Ebenso III 55 (s. u.). Ueberhaupt konnte Sallust den nach allgemeiner Ansicht damals noch neuen Namen

---

*) App. Mithr. 15: φίλοις δ' ἐς πᾶν τὸ κελευόμενον ἑτοίμοις χρῆται Σκύθαις τε καὶ Ταύροις καὶ Βαστάρναις καὶ Θραξὶ καὶ Σαρμάταις καὶ πᾶσι τοῖς ἀμφὶ Τάναϊν τε καὶ Ἴστρον καὶ τὴν λίμνην ἔτι τὴν Μαιωτίδα. cf. c. 69.

Germani in keinem anderen Sinne brauchen, als in dem allgemein üblichen, und ethnographische Untersuchungen, durch welche sich ihm die Bastarner des Pontus Euxinus ebenfalls als Germanen erwiesen hätten, waren ihm gänzlich fremd und unmöglich. Damit komme ich an die schwächste Stelle jener Argumentation. Dass die Bastarner Germanen waren, dafür beruft sich Wiedemann S. 183 n. 2 auf Zeuss, Brandes*) und J. Grimm. Er hätte sich auch auf Plinius und mit einiger Reserve auf Strabon berufen dürfen, — und doch ohne sein Ziel zu erreichen. Denn nicht ob die Bastarner Germanen waren, sondern ob Sallust sie dafür halten konnte, war zu beweisen. Dies konnte er aber, wie ich behaupte, nicht. Denn die griechischen Autoren bis zur Augusteischen Zeit halten die Germanen für Kelten, die Bastarner aber, wenn sie sie einem grösseren Stamme einfügen, für Skythen oder Thraker; kein Autor der Zeit des August oder vorher hält sie auch nur vermuthungsweise für Germanen. Der älteste anzuführende Autor (denn Polybios spricht nicht über ihre Stammesverwandtschaft) ist der Verfasser der Periegesis, welche fälschlich dem Skymnos zugeschrieben wird (Geogr. min. ed. Müller I p. 196 ff.) und um 90 v. Chr. geschrieben zu sein scheint (ib. p. LXXVIII); hier heisst es von den Peukinern, den Bewohnern der Insel Peuke an der Donaumündung: οὗτοι δὲ Θρᾷκες Βαστάρναι τ' ἐπήλυδες (v. 797), sie werden da mit den Thrakern zusammengestellt und heissen eingewandert, d. h. vom Festland her gekommen, nicht aber wie man wohl gedeutet hat, auf weiten Märschen (von Germanien) hergezogen. Von Geschichtschreibern dieser Zeit, die zwar später lebten, aber im letzten Grund doch auf gleichzeitige Quellen zurückgehen, erwähnt Dio 38, 10 (59 v. Chr.) sie so: (Ἀντώνιος) ἡττήθη πρὸς τῶν Σκυθῶν τῶν Βασταρνῶν und 51, 23 (29 v. Chr.) nennt er sie wieder Βαστάρναι Σκύθαι;**) Appian dagegen bezeichnet sie Mithr. 69 als Thraker mit den Worten, auch von den Thrakern seien alle, welche am Istros, dem Rhodope- und dem Hämosgebirge wohnen, und ausserdem die Bastarner, der tapferste Stamm derselben (τὸ ἀλκιμώτατον αὐτῶν γένος) dem Mithridates zugefallen. Ebenso unterscheidet Strabon (18 n. Chr.) mehrfach entschieden mit ausdrücklichen Worten die Bastarner von den Germanen,***) wie besonders p. 294 (τί δ' ἐστὶ πέραν τῆς Γερμανίας καὶ τί τῶν ἄλλων τῶν ἑξῆς, εἴτε Βαστάρνας χρὴ λέγειν, ὡς οἱ πλείους ὑπονοοῦσιν, εἴτ' ἄλλους .... οὐ ῥᾴδιον εἰπεῖν), während er die Skythen,

---
*) Dieser sagt aber (»Kelten und Germanen« S. 141) ausdrücklich, dass »die Römer erst nach der Zeit des Livius genauere Kunde von der Nationalität der Bastarner erhielten«!
**) Vgl. ib. c. 24 αὐτοὺς (τοὺς Βαστάρνας) κατεπέπληξεν .... ἀπλήστως τε γὰρ ἐμφορεῖται πᾶν τὸ Σκυθικὸν φῦλον οἴνου καὶ ὑπερκορὲς αὐτοῦ ταχὺ γίγνεται.
***) Strabon p. 93: τὰ Γερμανικὰ καὶ τὰ Βρεταννικά, ὡς δ' αὕτως τὰ τῶν Γετῶν καὶ Βαστάρνων. — p. 115: Βρεταννοὺς καὶ Γερμανοὺς καὶ τοὺς περὶ τὸν Ἴστρον τούς τε ἐντὸς καὶ τοὺς ἐκτὸς Γέτας τε καὶ Τυρεγέτας καὶ Βαστάρνας. — p. 128: die Donau habe zu ihrer Linken τὴν τε Γερμανίαν ὅλην . . καὶ τὸ Γετικὸν πᾶν καὶ τὸ τῶν Τυρεγετῶν καὶ Βαστάρνων καὶ Σαυρομάτων. — p. 289: nördlich von der Donau seien τά τε Γαλατικὰ ἔθνη καὶ τὰ Γερμανικὰ μέχρι Βαστάρνων καὶ Τυρεγετῶν.

— 41 —

Sauromaten und Bastarner unter die Thraker gemischt sein lässt (p. 296), und die einzige Stelle, die man für das Germanenthum der Bastarner aus Strabon citirt hat, lässt ebensogut die gegentheilige Deutung zu, p. 306: ἐν δὲ τῇ μεσογαίᾳ Βαστάρναι μὲν τοῖς Τυρεγέταις ὅμοροι καὶ Γερμανοῖς, σχεδόν τι καὶ αὐτοὶ τοῦ Γερμανικοῦ γένους ὄντες, wonach sie den Germanen einigermassen verwandt, aber doch ein ihnen benachbartes, also von ihnen verschiedenes Volk sind. Aehnlich wie Strabon gibt auch Dionysios der Periegete als Völker nördlich von der Donau an (v. 304) Γερμανοὶ Σαμάται τε Γέται δ' ἅμα Βαστάρναι τε ff. Mit ausdrücklichen Worten werden die Bastarner erst von Plinius als Germanen bezeichnet, H. N. IV 100: *quinta pars [Germanorum] Peucini, Basternae* und IV 81: *a Maro . . . aversa Basternaci tenent aliique inde Germani*, während selbst Tacitus Germ. 46 wieder zweifelhaft ist. Aber wenige Zeilen darauf gibt Plinius auch die Erklärung dieser neuen Ansicht in den vielbesprochenen Worten: *»Scytharum nomen usquequaque transit in Sarmatas atque Germanos, nec aliis prisca illa duravit appellatio, quam qui extremi gentium harum ignoti prope ceteris mortalibus degunt.«* Demnach wurde erst um die Zeit des Plinius oder kurz vorher das früher für skythisch oder für thrakisch gehaltene Volk der Bastarner (vielleicht mit Recht) als germanisch angesehen,*) während für Sallust — über ein Jahrhundert früher — eine solche Annahme schlechterdings zu verwerfen ist. Noch eine andere Meinung führen endlich Livius (XL 57, 7 cl. perioch. 63) und Plutarch (Aem. Paul. 9) an, wonach die Bastarner Celten (Γαλάται) wären;**) allein auch diese, falls sie schon zu Sallusts Zeit existirte, darf uns nicht glauben machen, dass Sallust die Sitten eines celtischen Volkes zugleich auf die Germanen übertragen habe; kannte er ja doch die Commentarien Cäsars, in welchen er Celten und Germanen als ganz verschiedene Völker geschildert vorfand.***) Sallust sah also die Bastarner nicht als Ger-

---

*) Und durch diese Uebertragung ein erstes Vorspiel für die spätere Identificirung von Geten und Gothen gegeben, welche jetzt trotz J. Grimm's Vertheidigung wohl mit Recht allgemein nur als eine etymologische Spielerei angesehen wird.

**) Auch Valerius Flaccus scheint dies anzudeuten, indem er Arg. VI 93 ihren Führer Teutagonus nennt; oder bezeichnet er sie dadurch wie sein Zeitgenosse Plinius als Germanen?

***) Möge man hiergegen nicht das letzte Capitel seines *Bellum Jugurthinum* anführen, wonach Q. Caepio und Cn. Manlius (105 v. Chr.) *»adeorsum Gallos«* d. h. gegen die Cimbern, also gegen Germanen, unglücklich kämpften, und hierin eine Gleichstellung von Galliern und Germanen durch Sallust sehen. Denn die Schlacht fand in Gallien, am Rhodanus, statt; gallische Völker kämpften mit im Cimbernheere, besonders die Helvetier, und, was die Hauptsache ist, Sallust sieht es nur darauf ab, zum Schluss anzuführen, dass dem Marius nun *»provincia Gallia decreta est«* (die spätere Gallia Narbonensis, um von da aus die Cimbern abzuwehren) und einen wirkungsvollen Satz zum Preise Cäsars, des Besiegers der Gallier, zuzufügen: *»illimque . . . Romani sic habuere . . . cum Gallis pro salute, non pro gloria certari.«* Auch war man damals über die Abstammung der Cimbern nicht im Klaren; Cicero de prov. cons. 13, 32 bezeichnet sie ebenfalls als Galli, Cäsar freilich I 40 u. ö. und Horaz epod. 16, 7 als Germanen. Erst unter Augustus wurden sie allgemein als Germanen angesehen (nicht ganz richtig Brandes, Kelten und Germanen S. 107). Vgl. noch Florus I 38, 1. — Man hatte wohl dabei auch die Erinnerung an die alten Einfälle der Gallier (unter Brennus u. A.) im Sinne, wenn man in den Cimbern Gallier erblickte.

manen an, ebensowenig wie die Geten irgend einem Schriftsteller vor dem dritten Jahrhundert n. Chr. als Germanen galten. Ja dies lässt sich aus Sallust selbst noch nachweisen, dessen zwei Fragmente über den Danubius (III 55, 56 Kr.) man wohl als Beweis des Zusammenhangs seiner Germanen- und Skythenschilderung anführte. Nun heisst fg. 55 aber nicht nur, wie es Kritz nach »Acro« und Arusianus anführt »*nomenque Danubium habet*,« sondern es ist nach der neuen Ausgabe des Porphyrio (ad Hor. carm. IV 4, 38) von W. Meyer vollständiger erhalten: »*n. D. h. ut ad Germanorum terras adstringit.*« Da zeigt sich deutlich, dass Sallust die Bastarner und wer sonst an der unteren Stromhälfte, dem Hister, wohnte, nicht für Germanen hielt, letztere aber wie Cäsar nur im Westen, nämlich an der oberen Stromhälfte, dem Danubius, annahm. Die Germanenfragmente gehören also gar nicht zum *situs Ponti*, wohl aber die beiden vom Hister (56) oder Danubius (55); der Wortlaut des Letzteren spricht wenigstens dafür, dass Sallust diesen Fluss von östlichem Standpunkt aus, wie Herodot u. a., nach aufwärts betrachtete.

Ferner ist gegen Köpke's Ansicht einzuwenden, dass wenn Sallust auch die Germanen in seiner Idealschilderung genannt hätte, für die Dichter, die ihm folgten, gar kein Grund gewesen wäre, sie nicht gleichfalls zu nennen. Köpke meint zwar S. 222, die Ursache sei, dass zur Zeit des Augustus »Nationalstolz und manche andere Rücksichten verbieten mochten, den gefährlichsten Reichsfeind, der an den Grenzen Galliens drohte, als Tugendmuster zu preisen.« Aber dieser Einwand wird bei genauerer Erwägung der chronologischen Verhältnisse hinfällig. Sallust schrieb die Historien in den letzten Jahren vor seinem 35 erfolgten Tode, Vergil aber die Georgica von 37—30, Horaz endlich sein Gedicht wie man annimmt um 29 oder 28: alle drei also schrieben zu fast der gleichen Zeit und unter gleichen Verhältnissen; am Rhein herrschte Frieden, und das Lob der Germanen musste entweder Allen gleichmässig oder Keinem gestattet sein.

Dass Tacitus, da er bisweilen mit jenen Scythenschilderungen übereinstimmt, mit ihnen aus Sallust schöpfte, wird noch dadurch sehr unwahrscheinlich, dass er nicht nur, wie schon gezeigt, in den meisten Punkten ganz selbständig von ihnen abweicht, sondern auch c. 46 das Leben zu Wagen, welches Horaz und Justin bei den Scythen rühmen, gerade als ein Unterscheidungszeichen der Sarmaten von den Germanen hervorhebt, wie er auch c. 1 Germanien von Sarmatien genau abgränzt. — Uebrigens idealisirte Sallust auch die entlegenen Völker gar nicht, wie Köpke meint, sondern nur die Römer der alten Zeit (s. S. 25): und nur auf diese beziehen sich die von jenem angeführten Parallelstellen aus Catilina und Jugurtha, wie z. B. dass damals gute Sitten besser walteten als Gesetze (Cat. 9) und dass man die Habsucht nicht kannte (ibid. 10). Erstere Bemerkung hat auch Justin von den Scythen, und dass dieser oder vielmehr Trogus einem Griechen folgte, macht der Schluss seiner Darstellung zweifellos (s. o.): dieser Grieche hatte also dieselbe naheliegende Bemerkung gemacht. Die Beweisführung Köp'.e's erscheint somit in dieser Hinsicht als ein bloses Spiel mit Möglichkeiten, und wir müssen uns damit begnügen, in Tacitus und den Lobrednern der Scythen dieselbe Stimmung zu erkennen, genährt vielleicht bei Tacitus durch die Lectüre des Sallust, nicht aber im einzelnen Falle aus dieser oder jener Stelle desselben ausgeschrieben.*)

Ob nun die zwei Fragmente Sallusts über die Germanen nur einer gelegentlichen kurzen Bemerkung entnommen sind, oder ob er sie bei der Schilderung des Sklavenkrieges, bei welchem germanische Sklaven eine wichtige Rolle spielten, oder bei einer Darstellung der Reichsgrenzen beschrieben habe, oder wann sonst, wissen wir nicht; auf die Scythen aber kam er durch den Mithradatischen Krieg zu sprechen.

So stimmt also Tacitus in der Germania mit den Scythendarstellern nur zufällig, oder selb tverständlich, oder durch gleiche Stimmung veranlasst, nirgends aber absichtlich und vielfach geradezu gar nicht überein; Sallust kennt keine Germani, welche er mit den Scythen in derselben ethnographischen Beschreibung vereinigen konnte, sondern nur solche an Rhein und oberer Donau; Justin und die anderen weisen uns statt auf Sallust hauptsächlich auf griechische Vorbilder zurück, welche Köpke und seine Anhänger gar nicht berücksichtigt haben; Tacitus endlich folgt in seiner Stimmung dem Seneca und Lucan, also der stoischen Opposition, während seine Nachrichten auf Cäsar und den späteren Mittheilungen über Germanen beruhen. Es erübrigt zum Schluss nur noch in grösster Kürze einige Worte über die Stellung des Tacitus zu sagen, von welchem diese Untersuchung ausging.

Wie S. 4 gesagt, will Tacitus zunächst weiter nichts, als die Germanen durchaus wahrheitsliebend und ausführlich beschreiben, als ein interessantes und seinem Studienkreise angehöriges Volk. Dass sie bei ihm Gleiches oder Aehnliches mit den Scythen haben, ist in keiner Weise aus einer bestimmten Absicht zu erklären.**) Die empfindsame Stimmung aber, welche den Tacitus überall und besonders auch in der Germania beherrscht, lässt ihn hier das Meiste daraufhin betrachten, ob es zu der Fülle germanischer Kraft in Beziehung stehe, oder ob es diese vielleicht vermindere. Einige in diesem Sinn wichtige Stellen sind S. 5 angeführt; andere wären etwa noch z. B. die über die einfache Weisheit ihrer Gesetzgebung »*deliberant, dum fingere nesciunt; constituunt, dum errare non possunt*« (c. 22), über die Ursache ihrer Tapferkeit »*quodque praecipuum fortitudinis incitamentum est . . . familiae et propinquitates*« (c. 7), ferner *occasione discordiae nostrae etiam Gallias adfectavere* (37) u. a. Aber auch die Grenze ihrer Kraft beurtheilen wichtige Aeusserungen in c. 4, 23, 33 (s. o.) und Andeutungen, in welcher Weise die Römer erfolgreich in die germanischen Sachen eingegriffen haben, z. B. *raro armis nostris, saepius pecunia invautur* (die Könige der Markomanen) *nec minus valent* (c. 42) — vgl. c. 15: *iam et pecu-*

---

*) So auch Baumstark a. a. O. S. 104, vgl. S. 99.
**) Den von Köpke und Wiedemann citirten Parallelstellen wäre zuzufügen: Tac. 5 *possessione et usu haud perinde afficiuntur* = Justin. II 2, 7 *aurum et argentum non perinde ac reliqui mortales adpetunt*.

niam accipere docuimus*) —; *Batavi exempti muneribus et collationibus .... bellis reservantur .... nec publicanus atterit .... in eodem obsequio et Mattiacorum gens .... mente animoque nobiscum agunt* (c. 29). Ebenso c. 8: *efficacius obligantur animi civitatum, quibus inter obsides puellae quoque nobiles imperantur.* Natürlich hat nicht Alles eine derartige Beziehung, wo sie aber möglich war, unterdrückte Tacitus sie nie. In der Hauptsache ist seine Ansicht von ihnen ganz die des Lucan und Seneca, deren Parallelstellen in Zukunft den Commentaren eingefügt werden sollten. Die *libertas* der Germanen (und Scythen) preisen Luc. VII 433, Sen. de ira II 15; und dieselbe Freiheit ist dem Tacitus rühmenswerth und verleiht nach seiner Ansicht den Germanen Kraft: *quippe Arsacis regno acrior est Germanorum libertas* (37); *pari olim inopia ac libertate eadem utriusque ripae bona maluque erant* (28); *Gotones regnantur, paulo iam adductius quam ceterae Germanorum gentes, nondum tamen supra libertatem* (43); Privatfehden können leicht geschlichtet werden, *quia periculosiores sunt inimicitiae iuxta libertatem* (21). Diese Freiheit ist aber aristokratischer Art, eine Geschlechterherrschaft (11, 13) und dadurch dem aristokratischen Autor noch besonders sympathisch, der nicht ohne Wohlgefallen im Gegensatz zu der Zeit einiger römischer Kaiser hervorhebt: die geringe Stellung der dortigen Freigelassenen sei ein Beweis wahrer *libertas* (25). Doch die Freiheit kann auch ausarten; ihre Schattenseite bei den Germanen, welche »*nullo officio aut disciplina adsuefacti*« (Caes. B. G. IV 1) sind, ist die Leidenschaftlichkeit *(ira),* der Mangel an *ratio ac disciplina* (Sen. de ira I 11; II 15), der ihnen dauerhaften Erfolg im Kriege unmöglich macht (ib. II 15). Gerade so Tacitus. »*Illud ex libertate vitium*« ff. (11); die *hostium discordia* ist nach einer für das Verhältniss zu Rom wichtigen Stelle sehr erfreulich für Rom (33; Sen. ir. I 11 ist ganz ähnlich). Nur die Chatti haben *multum, ut inter Germanos, rationis ac sollertiae* (30). Auch stimmt Tacitus in dem Lob der naturgemässen Einfachheit und Bedürfnisslosigkeit der Germanen, soweit er solche nämlich wahrheitsgemäss anerkennen kann, mit dem Stoiker Seneca ganz überein. Mit der ungenügendsten Kleidung und Wohnung, dem ärmlichsten Leben sind sie zufrieden und glücklich (Sen. de ira II 11: de provid. 4, 12): eine Darstellung, die durch die romantische Schilderung am Schlusse der Germania (46)**) eher fast noch übertroffen wird. Auch dass die Deutschen ihre Götter ohne Bildniss verehren — *lucos ac nemora consecrant deorumque nominibus appellant secretum illud quod sola reverentia vident* (9) — ist in Worten ausgedrückt, deren Stimmung sich in Lucan bei Schilderung eines heiligen Haines wiederfindet: »*arboribus suus horror inest . . terroribus addit, quos timeant, non nosse deos*« (III 411, 416). — Mehreren einzelnen Volksstämmen schreibt Tacitus besondere Tugenden zu, so c. 35 den Chauken eine friedliebende Gerechtigkeit,

---

*) Vgl. hierzu Dio Chrysostomos or. 79 p. 434 R.: erst jetzt sammeln die nördlichen Völker den Bernstein sorgfältig, παρ' ἡμῶν μεμαθηκότες ὅτι εἰσὶν εὐδαίμονες.

**) Zu welcher sich Herodots heilige und gerechte Argemppäer vergleichen lassen: ὑπὸ δενδρέῳ δὲ ἕκαστος κατοίκηται ff. (IV 23)

welche an Homers Abier und ebenfalls an die Herodoteischen Argempäer erinnert. Und dies ermahnt zum Schlusse noch zu erwähnen, dass die Idealisirung bei den Griechen die Gerechtigkeit, die bei den Römern die Tapferkeit und Freiheit, dass sie aber bei beiden Völkern das Glück ihrer Idealisirten betont. Noch nicht erwähnt habe ich die »deutsche Treue,« worin Tacitus (14) eine besondere Ursache deutscher Kraft erkennt. Ich muss mir versagen, auch auf diesen Punkt näher einzugehen. Auch von den Reden germanischer und römischer Führer in den Annalen und Historien, welche in allen Taciteischen Tugenden und Schwächen glänzen, kann ich nur ein Wort zum Schlusse sagen: sie führen uns tief in die Anschauung des Historikers von dem freien Naturvolke, von der Aufgabe Roms, und von dem Verhältnisse beider zu einander ein. Genaueres auch hierüber wird wohl später in einem weiteren Zusammenhang dargelegt werden.

Excurs (zu S. 13).

Der Wohnsitz der Hyperboreer war natürlich im Norden; die klare Etymologie des Namens konnte dies auch nie vergessen lassen. Wie kommt es aber, dass man sie später auch in den Westen versetzte? Ich glaube dies erklären und eine Verwirrung, welche bei Ukert S. 99 u. 397 f. und sonst herrscht, lösen zu können. Die Hyperboreer wohnen am Rhipäischen Gebirge, und zwar daselbst an den Quellen des Istros, nach Aeschylos ἐν λυομένῳ Προμηθεῖ, Pindar Ol. 3, 14, Apollonios Rhodios IV 284 ff. Da aber der Istros in Westeuropa entspringt, was schon Herodot weiss und erzählt, entsteht also ein Widerspruch. Derselbe ist aber zu erklären, indem man die mythischen Vorstellungen vom Istros von der Kenntniss seines wirklichen Laufes scheidet. Der mythische Istros ist das Gegenbild des Nils: dieser kommt aus Süden, jener aus Norden; dieser von den frommen Aethiopen, jener von den frommen Hyperboreern. So ist die Quelle des Istros nach Ap. Rhod. l. c. ὑπὲρ πνοιῆς Βορέαο 'Ριπαίοις ἐν ὄρεσσιν gelegen, und nach Pindar sind seine Quellen beschattet (σκιαραί), was der Scholiast falsch versteht wenn er sagt σκιερὰς δέ φησι πηγὰς ἤτοι τὰς βαθείας ἢ τὰς σκιαζομένας τῇ περὶ αὐτὰς τῶν ἐλαιῶν φυτείᾳ, vielmehr ist σκιαρός wie bei Sophokles νύχιος die Bezeichnung der »mitternächtlichen« Gegend, des Nordens. Aber schon im Alterthum unterschied man oft nicht zwischen der mythischen und wirklichen Darstellung, ja das Sophokleische ῥυχιᾶν ἀπὸ 'Ριπᾶν, wo der Zusammenhang nur die Deutung »nördlich« zulässt, wird von dem Scholiasten (im Gedanken an die wirkliche Istrosquelle) als »westlich« erklärt, διὰ τὸ πρὸς τῇ δύσει κεῖσθαι. So kamen denn unwillkürlich die Hyperboreer, die Anwohner der mythischen Istrosquelle im hohen Norden, in die Gegend seiner wirklichen Quelle im Westen: in die Alpen. Daher kommt es, dass Posidonios (fg. 90 M. bei schol. Ap. Rh. II 677) erklärt, die Hyperboreer wohnen περὶ τὰς Ἄλπεις τῆς Ἰταλίας. Ebenso sagt der sonst unbekannte Protarchos, welcher schon in römischer Zeit, aber noch vor Hyginus schrieb, die Alpen seien die Rhipäischen Berge, καὶ τοὺς ὑπὸ τὰ Ἄλπαια ὄρη κατοικοῦντας πάντας Ὑπερβορέους ὀνομάζεσθαι (Steph. Byz. s. v. Ὑπερβόρεοι). Probus ad Verg. Georg. III 382: *Rhipaeos montes quidam putaverunt Alpes*. Posidonios bediente sich dabei (nach Athen. VI 233 d) noch dazu des etymologischen Kunststückes, den Namen Ἄλπια aus einem früheren Ὄλβια herzuleiten, welcher dann wohl an die ὄλβιοι, die glückseligen Hyperboreer erinnern sollte. Die Gallier, welche unter Brennus aus den Alpen nach Italien herabzogen, galten aus diesem Grunde dem Heraklides Pontikos als ein Heer von Hyperboreern (Plut. Camill. 22). Andre suchten nun zwischen den zwei Ansichten von den nördlichen und den westlichen Hyperboreern zu vermitteln. So sollen nach einer von Plut. Cam. 15 gegebenen Erzählung die Hyperboreer des hohen Nordens aus Gallien dorthin eingewandert sein; eine andere Vermittlung versucht Hekatäos von Abdera, welcher (Diod. II 47) die Hyperboreer auf einer Insel im Ocean ἐν τοῖς ἀντιπέρας τῆς Κελτικῆς τόποις wohnen lässt; denn auch seine Angabe beruht auf einer Identificirung der mythischen Istrosquelle im Norden bei den Hyperboreern, und seiner wirklichen Quelle im Westen bei den Kelten (Her. II 33, IV 49). Dieselbe Verquickung zeigt auch schol. Pind. ol. 3, 25: Ἴστρος δὲ ποταμὸς ἔχει τὰς πηγὰς ἐν τῇ τῶν Ὑπερβορέων χώρᾳ· ὅς νῦν Δάνουβις λέγεται.

Manche Verwirrungen, wie gesagt, finden durch Berücksichtigung dieses Punktes ihre einfache Lösung. — Ukert meint dagegen S. 398, Aeschylos suche selbst schon die Hyperboreer und ihre Nachbarn, die Greife und Arimaspen, wie auch die Istrosquelle im Westen, führe auch im Prometheus die Rhipäen nicht unter den Bergen des Nordens an (S. 99). Letzteres argumentum ex silentio hat nun einem Dichter gegenüber nicht viel zu bedeuten; ersteres aber ist im Prometheus nicht nur nicht enthalten (wie es denn auch Aesch. fg. 191 zu widersprechen scheint), sondern dort steht vielmehr das gerade Gegentheil: πρὸς ἀντολάς, im Osten (v. 791), glaubt Aeschylos die Arimaspen (805), ja beinahe schon πρὸς ἡλίου πηγαῖς (809)! Er schildert sie jedoch als mythische Wesen, nicht wie Herodot als menschliche Nachbarn der Hyperboreer, ein Umstand, welcher beiläufig gesagt auch gegen die geschichtliche Realität ihrer anderen Nachbarn, der Issedonen (s. S. 14), zu sprechen scheint.

Schulnachrichten.

Das Lehrercollegium des Gymnasiums blieb während des Schuljahrs 1874/75 in seinem Bestande unverändert. Während der ernsten Krankheit des Herrn Professor Dr. *Creizenach* (Anf. März bis Ende Juni 1874) wurde theils von Herrn Dr. Emil *Römer*, theils von den Collegen Hülfe geleistet, unter denen namentlich Herr Prof. Dr. *Janssen* für den Erkrankten, auch bei der Abiturientenprüfung, eintrat. Für Herrn Prof. Dr. *Eberz*, welchem zur Befestigung seiner Gesundheit die Sommerferien um zwei Wochen verlängert wurden, übernahmen Herr Dr. *Römer* und Herr Dr. *Trommershausen* den Unterricht in Tertia, während Herr Dr. *Kemerling* inzwischen letzteren in Sexta vertrat. Die Schule ist den genannten Herren für die bereitwillig geleisteten Dienste zu bestem Danke verpflichtet.

Die Zunahme der Schülerzahl hat, namentlich in Quarta und Tertia, schon im nun vergangenen Schuljahr manche Schwierigkeiten für den Unterricht hervorgerufen; für das nächste Schuljahr würden sich diese zu grossen Missständen steigern, weshalb der Unterzeichnete einen Antrag auf vorläufige Trennung der Quarta und Untertertia in allen wichtigeren Fächern gestellt hat, welcher seitens des verehrlichen Patronats genehmigt worden ist. Gleichzeitig ist eine Veränderung in der Stellung der Classenlehrer von Sexta, Quinta und Quarta vorgeschlagen, so dass jeder derselben seine Schüler durch die 3 unteren Classen, also drei Jahre lang als Hauptlehrer zu leiten hat.

Mit besonderem Danke erwähnen wir der Thätigkeit der »Arthur und Emil *Königswarther*'schen Stipendienstiftung,« welche vor 2 Jahren ins Leben trat und seitdem unter der umsichtigen Leitung des Herrn Bürgermeister *Berg* den besten Fortgang gehabt hat. Zahlreiche Schüler, junge Kaufleute, Studenten und Polytechniker sind dadurch mit den Mitteln zur Erwerbung eines höheren Bildungsgrades versehen worden. Möge es dem edlen Stifter, der seiner Schöpfung die aufmerksamste und liebevollste Theilnahme widmet, noch lange vergönnt sein, sich des Segens zu erfreuen, den diese wohlthätige Anstalt Vielen in reichem Maasse spendet.

Ostern 1874 wurden mit dem Zeugniss der Reife entlassen:
1. *Louis Mendel*, 17 Jahre alt, zum Studium der Rechte, nach Heidelberg;
2. *Hermann Dessau*, 18 Jahre alt, zum Studium der Geschichte, nach Berlin;
3. *Beda Rinz*, 20 3/4 Jahre alt, zum Studium der katholischen Theologie, nach Münster;
4. *Georg Wilhelm Bauder*, 21 3/4 Jahre alt, zum Studium der Philologie, nach Leipzig;
5. *Georg Philipp Völcker*, 19 1/2 Jahre alt, um Buchhändler zu werden;
6. *Franz Bärwindt*, 18 3/4 Jahre alt, zum Studium der Medicin, nach Strassburg;
7. *Georg Eduard Clemm*, 18 3/4 Jahre alt, zum Studium der Philologie, nach Giessen;
8. *Wilhelm Georg Mumm von Schwarzenstein*, 19 1/2 Jahre alt, zum Studium der Rechte, nach Bonn;
9. *Hippolyt Karl Dietrich Friedrich Mettegang*, 19 3/4 Jahre alt, um Architect zu werden;
10. *Abraham Friedmann*, 22 1/2 Jahre alt, zum Studium der Medicin, nach Würzburg.

Die drei zuerst Genannten wurden von der mündlichen Prüfung dispensirt.

Die *Gymnasialbibliothek* hat folgende Werke angeschafft:
Homeri Ilias vol. I und Odyssea ed. Laroche; Horatius Oden ed. Schütz; Ovidius Fasti ed. Peter; Scaenicae Rom. poesis fragmenta vol. II ed. Ribbeck; Tacitus Germania v. Schweizer-Sidler; Panegyrici Latini ed. Bährens; Grammatici Latini ex rec. H. Keilii vol. VI, 2; Wilmanns, Exempla Inscriptionum Latinarum, 2 Bde.; Christ, Metrik der Griechen und Römer; Ebert, Geschichte der christlich-lateinischen Literatur; Hermann, Bibliotheca philologica, nebst Supplement von Klussmann; Hoffmann, Construction der lateinischen Zeitpartikeln; Scheler, Dictionnaire d'étymologie française; Thieme, English Dictionary; Delbrück, das altindische Verbum; Herder, ausgewählte Dichtungen; Wiese, das höhere Schulwesen in Preussen Bd. 3; Protocolle der Berliner Octoberconferenz; Hallische Encyklopädie Sekt. I, Bd. 93; Jäger, Deutschlands Thierwelt, 2 Bde.; Wagner, Illustrirte deutsche Flora; Rossmässler, die vier Jahreszeiten; Désor, Pfahlbauten des Neuenburger Sees; Jahresbericht über die Fortschritte der klass. Alterthumswissenschaft von Bursian, Bd. I; sowie die Fortsetzungen

von: Grimm's deutsches Wörterbuch, Schmid's pädagog. Encyklopädie, Rheinisches Museum für Philologie, Hermes, Jahrbücher für Philologie und Pädagogik (nebst Supplementheften), Philolog.s, Philol. Anzeiger, v. Sybel's histor. Zeitschrift, Berliner Gymnasialzeitschrift.

Für den *mathematisch-physikalischen Apparat* sind angeschafft: Grunert, Archiv für Mathematik Bd. 50 bis 56; Zeitschrift für mathem. und naturwissensch. Unterricht; Schorr, der Vorübergang der Venus vor der Sonne.

Als *Geschenke* sind mit gebührendem Danke zu verzeichnen: von Herrn Premier-Lieutenant und Gutsbesitzer *Feege*: Schliemanns Trojanische Alterthümer nebst Atlas; von Herrn Historienmaler *Müller*: die Schriften des literarischen Vereins in Stuttgart n. 108, 109, 112; vom *Gymnasium zum grauen Kloster* in Berlin: dessen Säkularfestschrift; vom *Kaiserlich Russischen Ministerium*: Bericht über den Zustand des Unterrichtswesens 1872: vom *Rath der städtischen Schulen* in St. Louis: dessen Jahresbericht 1871/72; von den Verfassern resp. Herausgebern: *Ty. Mommsen*, 16 Thesen zur Frage über die Gymnasialreform; *Henkel*, Leben und Wirken von Dr. Aloys Schmitt und *dessen* Lehrbuch der Tonsetzkunst von A. André; *Friedrich*, Beiträge zur Logik, Noëtik und Wissenschaftslehre Bd. 1; *Genthe*, Aufgaben für lateinische Aufsätze aus Ellendts Nachlass; *Perthes*, Vocabular für Sexta; Ovidius ed. Riese vol. III; von Primaner *Eber*: Champollion-Figeac, Gemälde von Aegypten: von der *Hermann'schen Verlagshandlung*: Hinrichs Bücherverzeichniss; von Herrn Prof. *Creizenach*: Parker, The Athenian year; von den Verlegern: *Koch*, Griech. Schulgrammatik 3. Aufl. und mehrere andere Schulbücher; vom *königl. Provinzialschulcollegium*: die Programme der ihre Schriften austauschenden Anstalten.

Mit herzlichem Danke werden folgende Geschenke erwähnt, welche der *Wittwen- und Waisen-Casse* gemacht wurden:

A. Bei dem Abgange von Schülern:
Von Herrn *Rüttenau* 5 fl. — Von Herrn *Mendel* 5 fl. — Von Herrn *Kling* 7 fl. — Von Herrn Musikdirector *Henkel* 5 fl. — Von Herrn Oberstabs- und Garnisons-Arzt Dr. *Bärwindt* 5 fl. — Von Herrn *Mauss* 3 fl. — Von Herrn *Buchfeld* 2 fl. 30. — Von Herrn *Collischonn* 4 fl. — Von Frau *Rinz* 5 fl. — Von Herrn Pfarrer *Clemm* 3 fl. 30. — Von Herrn *Mettegang* 3 fl. 30. — Von Herrn Oberstabs-Arzt Dr. *Transfeldt* 3 fl. 30. — Von Herrn *Th. Völker* 7 fl. — Von Herrn Dr. *Schwedes* 7 fl. — Von Herrn *Porte* 3 fl. 30.

B. *An erhöhtem Eintrittsgeld:*

Von Herrn Rechnungsrath *Höxter* 6 fl. — Von Herrn Pfarrer *Trommershausen* 3 fl. — Von Herrn Lehrer *Müller* 3 fl. — Von Herrn *Rüttger* 3 fl. — Von Herrn *Fulda* 5 fl. — Von Herrn Oberlehrer *Goez* 3 fl. 30. — Von Herrn *Günzburg* 3 fl. — Von Herrn Justizrath Dr. *Fester* 5 fl. 50. — Von Herrn *Hohenemser* 5 fl. — Von Herrn *Kreyssel* 3 fl. — Von Herrn *Meister* 10 fl. — Von Herrn Oberlehrer Dr. *Mohr* 3 fl. 30. — Von Herrn Dr. *Pfefferkorn* 10 fl. — Von Herr Regierungsrath *Redlich* 3 fl. 30. — Von Frau *Rubens* 5 fl. — Von Herrn *Schümer* 4 fl. — Von Frau *Stellwagen* 5 fl. — Von Herrn Director *Vowinckel* 5 fl. — Von Herrn *Werner* 4 fl. 45. — Von Herrn *Drucker* 3 fl. — Von Herrn *Gauff* 3 fl. — Von Herrn *Metzler* 3 fl. 30. — Von Herrn *Russmann* 3 fl. 30. — Von Herrn Dr. *Schulz* 10 fl. — Von Herrn *C. Fr. Schulz* 3 fl. — Von Herrn *Strubell* 3 fl. — Von Herrn Postdirector *De Wilde* 3 fl. 30. — Von Herrn *Burnay* 3 fl. — Von Herrn *J. Fr. Becker* 3 fl. — Von Herrn Archivar Dr. *Buchka* 3 fl. 30. — Von Herrn Pfarrer *Collischonn* 3 fl. 30. — Von Herrn *Fink* 3 fl. — Von Herrn Bauinspector *Fischer* 3 fl. — Von Herrn Postrevisor *Georgii* 3 fl. — Von Herrn *Holdefer* 3 fl. — Von Herrn *Immanuel* 5 fl. — Von Herrn Lehrer *Krug* 3 fl. — Von Herrn Lehrer *Liermann* 3 fl. — Von Herrn Lehrer *Löffert* 3 fl. — Von Herrn *Lomb* 4 fl. — Von Herrn *Mahling* 3 fl. — Von Herrn *Pachten* 3 fl. 30. — Von Herrn *Rosenthal* 10 fl. — Von Herrn *Ritter* 3 fl. — Von Herrn Dr. *Schmidt-Polex* 3 fl. 30. — Von Herrn *Thum* 5 fl. 15. — Von Herrn Dr. *Valentin* 4 fl. — Von Herrn Lehrer *Weigand* 3 fl. — Von Herrn *D. Wichelhaus* 20 fl. — Von Herrn *Fr. U. Wirth* 5 fl. 50. — Von Herrn *N. Wolff* 5 fl. — Von Herrn Präsidenten *Lang* 5 fl. — Von Herrn Regierungsrath *Behrend* 3 fl. 30. — Von Herrn Zollinspector *Stauffer* 3 fl. — Von Herrn *Levy* 5 fl. — Von Herrn *Reuter* 5 fl. — Von Herrn *Wertheimer* 3 fl. 30. — Von Herrn Dr. *Emden* 5 fl. 15. — Von Herrn *Hirschl* 5 fl. — Von Herrn *Hüsing* 3 fl. 30. — Von Herrn Lehrer *Demmer* 5 fl. 50. — Von Herrn Lehrer *Diehl* 3 fl. — Von Herrn *Gottfried* 3 fl. — Von Herrn Director *Gruihn* 3 fl. 30. — Von Herrn *Rebesberger* 3 fl. — Von Herrn *Sattler* 3 fl.

C. *An sonstigen Gaben:*

Von den Erben des verewigten Herrn *Anselm Salomon Freiherrn von Rothschild* 500 fl. — Von Herrn Oberst *von Kaphengst* 17 fl. 30. — Von Herrn *Sattler* 3 fl. 30.

Uebersicht

des

von Ostern 1874 bis Ostern 1875 vollendeten Lehrcursus.

Sexta.

Classenlehrer: Dr. **Trommershausen**.

Religionslehre: Evang.-protestantische: Bibl. Geschichte des A. T. von der Schöpfung bis zur Geburt Jesu Christi, nach *G. Schmidt*, die Geschichten der heiligen Schrift. Die zehn Gebote. Einige Kirchenlieder. Eintheilung der Bücher des A. T. 3 St. Dr. *Trommershausen*. — Katholische: Bibl. Geschichte des alten Bundes. Wiederholung des kleinen Katechismus. Ausführlicher Beichtunterricht. 2 St. Kaplan *Breuers*.

Lateinisch: *I. Formenlehre*: Die 5 Declinationen mit den Genus- und Casus-Regeln und den wichtigsten Ausnahmen; die Adjectiva und deren Comparation; die Numeralia cardinalia und ordinalia; die Pronomina; das Verbum *sum*; die vier regelmässigen Conjugationen nebst den Deponentien, sowie Verba mit unregelmässigen Stammzeiten; die Praepositionen; nach *W. H. Schmidt*, Lat. Formenlehre. *II. Memoriren* der Vocabeln aus *Ostermann's* Vocabular für Sexta. *III. Uebersetzen*, mündlich und meist auch schriftlich, aus *Ostermann's* Uebungsbuch für Sexta, Abschnitt I—XVII, nebst Fabeln und Erzählungen. 10 St. Dr. *Trommershausen*.

Deutsch: Zahlreiche Uebungen zur Befestigung der Orthographie. Grammatik nach *Kröger*, namentlich §§ 1—24. Uebungen im Lesen. Memoriren von Gedichten. (Deutsches Lesebuch, Bremen.) 2 St. Dr. *Trommershausen*.

Geographie: nach *E. von Seydlitz*, Kleine Schul-Geogr.: Grundzüge der Geographie: die Erde überhaupt, pag. 1 und 2; Europa pag. 8—17. 2. St. Dr. *Jckel*.

Naturgeschichte: Im Sommer: Betrachtung einzelner Gewächse nach natürlichen Familien zusammengestellt. Im Winter: Wirbelthiere, insbesondere Säugethiere. 2 St. *Raabe*.

Rechnen: Bruchrechnung. Schriftliche Uebungen zu Hause und in der Classe. Kopfrechnen. 4 St. Dr. *Trommershausen.*

Quinta.

Classenlehrer: Dr. **Jekel.**

Religionslehre: Evang.-protestantische: Die biblische Geschichte des N. T. nach *G. Schmidt's* Geschichten der heiligen Schrift. Lernen entsprechender Bibelverse und Lieder aus dem Gesangbuche. Das Allgemeinste von der Eintheilung der Bibel und Reihenfolge der biblischen Bücher. 3 St. Dr. *Jekel.* — Katholische: combinirt mit Sexta.

Lateinisch: Wiederholung der regelmässigen, Einübung der anomalen Formenlehre und Vervollständigung des Pensums der vorigen Classe, nach *Schmidt.* Einfachste syntaktische Regeln nach *Ostermann's* Uebungsbuch für Quinta und Lernen paradigmatischer Sätze und einiger Proverbien. Vocabel-Lernen aus *Ostermann's* Vocabular für Quinta. Uebersetzen mündlich und schriftlich aus *Ostermann* (Quinta) pag. 1—103. Präparation und Uebersetzen der Erzählungen aus dem 3. Theil pag. 105—116: A, II. III. IV. V; pag. 124—125: B, I. 10 St. Dr. *Jekel.*

Deutsch: 1. Satzlehre unter Zugrundelegung von *Kröger's* deutscher Grammatik. 2. Orthographische Uebungen. 3. Lese- und Memorirübungen. 2 St. Dr. *Jekel.*

Französisch: Sommer: *Ploetz'* Elementargrammatik Lect. 1—30. Die Beispiele wurden alle übersetzt, meistens nur mündlich, und die Wörter gelernt. Die Hülfsverba *avoir* und *être* wurden gelernt. 3 St. — Winter: Ebend. Lect. 31—56. Die Regeln erklärt; die Beispiele zum Theil schriftlich übersetzt. Die Wörter gelernt. Lernen der vier regelmässigen Conjugationen. 3 St. *Caumont.*

Sagengeschichte: Das Wichtigste aus der Götterlehre; die Kosmogonie; Phaethon, Daedalus, Perseus, Theseus, Odysseus u. a. 1 St. *Battenberg.*

Geographie: Nach *von Seydlitz* kleiner Schul-Geographie: weitere Ausführung der allgemeinen Geographie pag. 21—33; Europa pag. 54 und 55; Mittel-Europa: das Alpensystem, die deutschen Mittelgebirgslandschaften, das deutsche Tiefland, die Flusssysteme von Mittelenropa: pag. 67—85. 2 St. Dr. *Jekel.*

Naturgeschichte: Im Sommer: Betrachtung verschiedener Pflanzen und Zusammenstellen einzelner leichter erkennbaren Pflanzenfamilien. — Im Winter: Wirbelthiere, insbesondere Säugethiere und Vögel nach Ordnungen und Familien zusammengestellt. 2 St. *Raabe.*

Rechnen: Mündlich und schriftlich die vier Species in gewöhnlichen Brüchen; Decimalbrüche, mit besonderer Berücksichtigung der neuen Münzen, Maasse und Gewichte; Einfache Regel de Tri. Kopfrechnen. 4 St. *Raabe.*

Quarta.
Classenlehrer: Battenberg.

Religionslehre: Evang.-protestantische: Geschichte des A. T. nach *G. Schmidt's* bibl. Erzählungen. Das erste Hauptstück des lutherischen Katechismus. Einige Kirchenlieder. 2 St. Dr. *Trommershausen.* — Katholische: Die Lehre vom Glauben nach dem Diözesankatechismus. Wiederholung der Geschichte des Alten und Neuen Testaments.

Lateinisch: 1. Nach *Ellendt-Seyffert's* Lateinischer Grammatik Syntaxis convenientiae §§ 129—142, Gebrauch der Casus §§ 143—186, Orts-, Raum- und Zeitbestimmungen §§ 187—201 mit Uebersetzungen aus *Ostermann* III; wöchentliche Extemporalien und Exercitien. 5 St. Repetition der Formenlehre, besonders der unregelmässigen Verben nach *Seyffert.* Einübung der wichtigsten Regeln über den Conjunctiv abhängig von Conjunctionen, den Conjunctiv in Relativsätzen, den Accus. c. Inf., die Participia, den Abl. absol., die Partic. Fut. Act. und Pass., das Gerundium und das Supinum — *Ostermann* III p. 65—87. 2 St. *Battenberg.* — Aus *Ellendt-Seyffert's* Materialien zum Uebersetzen aus dem Lateinischen ins Deutsche für Quarta: Abschn. V (d. peloponnesische Krieg) 1—23. VI. (Gesch. Griechenlands nach dem pelop. Kriege bis zu Epaminondas Tode) 1—25 mündlich und schriftlich übersetzt, zum Theil retrovertirt und memorirt. 3 St. Prof. *Genthe.*

Griechisch: Die Formenlehre bis zu dem Perf. Pass. wurde nach *Koch's* Schulgrammatik (§§ 1—46) gelernt und in mündlichem Uebersetzen (nach *Halm* I. 1), in wöchentlichen Exercitien und Extemporalien eingeübt. Repetitionen der einzelnen Abschnitte, besonders im Anschluss an die Lectüre (*Jacob's* Elementarbuch 1). 5 St. *Battenberg.*

Deutsch: Sprachliche und sachliche Durchnahme von Lesestücken aus *Colshorn-Gödeke* II; leichte Aufsätze; Dictate über Orthographie und Interpunction; Memoriren von Gedichten, z. Th. aus dem Lesebuch. Repetition der Satzlehre. 2 St. Prof. *Riese.*

Französisch: *Ploetz'* Elementargrammatik. Die Lectionen 60 bis 90 wurden durchgenommen; die Uebungen theils mündlich, theils schriftlich übersetzt. Lernen der Wörter. Wiederholung der vier regelmässigen Conjugationen. 2 St. *Caumont.*

Geschichte: Vorbegriffe. Uebersicht. Morgenländische Geschichte. Beschreibung des Schauplatzes der hellenischen Geschichte. Geschichte der Griechen bis auf die Zeit der Nachfolger Alexanders d. Gr. 2 St. Prof. *Creizenach*. — Für die katholischen Schüler (mit Tertia vereinigt): Geschichte des Mittelalters nach dem Lehrbuche von *Welter*. 3 St. Prof. *Janssen*.
Geographie: Die deutschen Stromgebiete. — Das deutsche Reich in seiner Neugestaltung; die apenninische und die pyrenäische Halbinsel. 1 St. Prof. *Creizenach*.
Mathematik: a) Anfangsgründe der ebenen Geometrie (Linien, Winkel, Figuren, insbesondere Dreiecke, Parallelenlehre). Geometrisches Zeichnen. 2 St. b) Einführung in die ersten Grundbegriffe der allgemeinen Arithmetik, vermischt mit Uebungen im practischen Rechnen, namentlich Wiederholung der gemeinen Brüche und Decimalbrüche. 1 St. *Raabe*.
Rechnen: Befestigung der Bruchlehre. Einfache und zusammengesetzte Regel de Tri. Schlussrechnung. Kette. Zinsrechnung. Kopfrechnen. 2 St. *Raabe*.

Unter-Tertia.

Classenlehrer: Prof. Dr. **Riese**.

Religionslehre: Evangelisch-protestantische: Für das Sommerhalbjahr: siehe Ober-Tertia; im Winter: Katechismuslehre, 3. Hauptstück: Repetition des 1. und 2. Hauptstücks. Lectüre und Besprechung ausgewählter Stücke des N. T., passende Bibelverse und Kirchenlieder (auch mit Rücksicht auf das Kirchenjahr) memorirt. 2 St. *Battenberg*. — Katholische: Die Lehre von dem Glauben mit besonderer Berücksichtigung der Lehre von der Kirche. Kirchengeschichte bis zum ersten Lateranischen Concil. 2 St. *Breuers*.
Lateinisch: Grammatik nach *Ellendt-Seyffert* §§ 234—342; Repetition früherer Abschnitte. Exercitia scholastica und extemporalia, meist nach *Ostermann;* erstere wurden auch memorirt. *Weller's* Lesebuch aus Livius 18—26. 29. 8 St. Prof. *Riese*. — Die Lehre von der Quantität der Silben nach *Ellendt-Seyffert*. Aus *Siebelis* tiroc. poet. Buch I u. II übersetzt, erklärt, repetirt und zum Theil memorirt. 2 St. Prof. *Eberz*.
Griechisch: *Koch's* Schulgrammatik §§ 50—61 und *Müller's* Tabellen der Verba anomala; Repetition des Pensums der Quarta. Exercitia scholastica und extemporalia nach *Halm* I u. II. *Jacob's* Lesebuch (1. Theil): erster Cursus IX bis XI; zweiter Cursus A I; II 47—122. D. 1; 9—15. E. 1—5. 6 St. Prof. *Riese*.

— 55 —

(Während des Sommersemesters) *Jacob's* Lesebuch, mit daran sich anschliessenden Extemporal-Uebungen. 1 St. *Mommsen.*

Deutsch: Gedichte und Prosastücke aus *Colshorn* und *Goedeke* 2. Th. wurden gelesen und besprochen. Erklärung ausgewählter Gedichte von Schiller. Anfänge der Metrik. Memoriren von Gedichten. Aufsätze. 2 St. Dr. *Trommershausen.*

Französisch: Sommer: *Ploetz'* Elementargrammatik Lect. 90—112, nebst Uebersetzung aller Beispiele, theils mündlich, theils schriftlich. Lernen der Vocabeln. — Winter: *Ploetz'* Schulgrammatik Lect. 1—12. Die Uebungen theils mündlich, theils schriftlich übersetzt. Lernen der unregelmässigen Zeitwörter. — *Lüdecking* I. Lesestücke 1—35. 2 St. *Caumont.*

Geschichte: Alexander der Grosse. Geographie des alten Italiens. Römische Geschichte bis zum Beginn der Kaiserzeit. 2 St. Prof. *Creizenach.* — Für die Katholiken: siehe Quarta.

Geographie: Russland, die österreichischen Kronlande, Italien in seiner Neugestaltung, die Balkanhalbinsel, das osmanische Reich in Europa, Asien und Afrika. 1 St. Prof. *Creizenach.*

Mathematik: a) Geometrie (Planimetrie), insbesondere die Parallelen- und Congruenz-Lehre nebst Anwendungen. 2 St. — b) Arithmetik, insbesondere die einfachsten Rechnungsoperationen, in Bezug auf positive und negative, auf bestimmte und unbestimmte Grössen, auf ganze Zahlen und Brüche. 1 St. *Raabe.*

Naturkunde: Im Sommer: Genaue Betrachtung einzelner Pflanzen nach vorgelegten Exemplaren mit steter Hinsicht auf Morphologie und Physiologie. Zusammenstellen der wichtigsten Familien aus den besprochenen Pflanzen. Das Linné'sche System. — Im Winter: Der Bau der Wirbelthiere nach Repräsentanten der verschiedenen Ordnungen derselben. 2 St. Dr. *Noll.*

Ober-Tertia.
Classenlehrer: Prof. Dr. **Eberz.**

Religionslehre: Evangelisch-protestantische: Das Evangelium Marci im Urtext. 1 St. 4. und 5. Hauptstück. Rep. des 2. und 3. Hauptstücks. 1 St. Bibelverse und Kirchenlieder im Anschluss an die Lectüre memorirt. 2 St. *Battenberg.* Katholische: Combinirt mit Unter-Tertia.

Lateinisch: Wiederholung und Einübung der Syntax nach *Ellendt-Seyffert,* §§ 202 bis 288. Wöchentlich ein Exercitium scholasticum oder domesticum und ein Extemporale. 3 St. Uebersetzt, erklärt und repetirt wurde Caesar B. gall. lib. I—IV, 18. 4 St. Prof. *Eberz.* Ovid's Metamorphosen. Ausgewählte Abschnitte aus den Büchern I—IV (n. 1—9). Etwa 200 Verse wurden memorirt. Repetition der Prosodie und der Regeln über den Hexameter nach *Ellendt-Seyffert*. Metrische Uebungen. 3 St. Prof. *Genthe*.

Griechisch: In der Grammatik wurde die Formenlehre repetirt und die Syntax nach *Koch* bis zur Lehre von den Präpositionen gelernt und in Exercitiis extempp. eingeübt; jede Woche wurde ein Exercitium scholasticum oder domesticum geschrieben. 3 St. Aus Xenoph. Anab. lib. III—IV c. 8 erklärt, repetirt und zum Theil memorirt. 3 St. Prof. *Eberz*. Ferner wurde (1 St. wöchentlich) in der Odyssee lib. IV 1—490 gelesen, erklärt, repetirt und zum Theil memorirt. Prof. *Eberz*.

Deutsch: Erklärung ausgewählter Gedichte von *Goethe*, *Schiller*, *Uhland* u. a. m. Herzog Ernst von *Uhland* und Zrini von *Körner* gelesen und besprochen. Wöchentlich übten sich 3 bis 4 Schüler im Vortrag deutscher Gedichte; alle vier Wochen wurde ein Aufsatz geliefert und nach der Correctur sachlich und sprachlich durchgenommen. 2 St. Prof. *Eberz*.

Französisch: Sommer: *Ploetz'* Schulgrammatik Lection 12—23 mit Uebersetzung, theils mündlich, theils schriftlich. Aus *Lüdecking's* Lesebuch (Th. I) Erzählungen 1—17. — Winter: *Ploetz'* Schulgrammatik Wiederholung der Lectionen 6—23 und weiter bis 25. Die Uebungen z. Th. schriftlich. Extemporalien. *Lüdecking* I verschiedene prosaische und poetische Stücke. Auswendiglernen einiger Gedichte. 2 St. *Caumont*.

Englisch: Sommer: Grammatik nach *Plate's* Elementarbuch Lection 1—25. Mündliche und schriftliche Uebungen. — Winter: Grammatik nach *Plate*, Lectionen 25—38. Mündliche und schriftliche Uebungen. Lesestücke 1—14. 2 St. *Caumont*.

Geschichte: Römische Geschichte vom ersten Triumvirate bis zum Ausgange des weströmischen Reiches. Völkerwanderung. Deutsche Kaiserzeit bis zum Eintritt des 16. Jahrhunderts. 2 St. Prof. *Creizenach*. — Für die katholischen Schüler siehe Quarta.

Geographie: Grossbritannien mit seinen aussereuropäischen Besitzungen; Frankreich; das russische Reich; Amerika. 1 St. Prof. *Creizenach*.

Mathematik: a) Repetition und Fortsetzung der ebenen Geometrie (Planimetrie), insbesondere die Lehre von den Vierecken und vom Kreise I. Abschn.; geometrische Oerter. Anwendungen. Einfache Constructionsaufgaben. 2 St. — b) Fortsetzung der allgemeinen Arithmetik, insbesondere Multiplication und Division. Partialdivision. Quadrate und Cuben von Binomen und Polynomen. Zerlegen in Factoren und Heben der Brüche. *Heiss* § 25 incl. 1 St. *Ruabe*.

Naturkunde: Sommer: Pflanzen-Anatomie und Physiologie. Betrachten verchiedener Pflanzenfamilien und einzelner hinsichtlich des Baues interessanter Gewächse (Phanerogamen und Kryptogamen). Natürliches und künstliches System. — Winter: Die wichtigsten Mineralien nach Eigenschaften, Vorkommen und Anwendung. 2 St. Dr. *Noll.*

Unter-Secunda.

Classenlehrer: Dr. **Steitz.**

Religionslehre: Evang.-prot. Die Apostelgeschichte, die Evangelien (synoptisch) im Urtext gelesen und eingehend besprochen. 1 St. — Memoriren einiger Psalmen und Sprüche. 1 St. (mit Ober-Secunda vereinigt). *Battenberg.* — Katholische (mit Ober-Secunda und Prima vereinigt). Kurze Repetition der Lehre von den Sacramenten und die katholische Apologetik. Die Kirchengeschichte bis zum Concil von Constanz. 2 St. *Breuers.*

Lateinisch: Vergil. Aen. VIII. u. IX. Zwei längere Abschnitte wurden memorirt. 2 St. Prof. *Genthe.* — Cicero, orat. pro imperio Cn. Pompeji und pro Milone. 2 St. — Liv. III, 64—IV, 35. Uebersicht der Topographie Roms. 3 St. — Exercitia domestica und extemporalia nach Süpfle II No. 94—114, Extemporalia aus ciceronischen Schriften. Repetition der Grammatik, beginnend mit der Lehre von den Tempora: *Ellendt-Seyffert*, §§ 234—343. 3 St. Dr. *Steitz.*

Griechisch: Herodot VIII, 66—140. Uebersicht der Abweichungen des herodotischen Dialects nach der Zusammenstellung von *Stein*. 1 St. — Homer. Odyss. XIII bis XVI. 2 St. — In *Jacobs'* Attika die Auszüge aus Plutarch IX—XIII, XVI, aus Xenophon XVII—XXI. 1 St. Exercitia domestica, im Sommer nach deutschen Dictaten, im Winter aus Caes. bell. Gall. In der Grammatik *Krüger* §§ 53—54 (Lehre von den Tempora und den Modi). Repetition der Formenlehre des Verbums und der Casussyntax nach *Buttmann*. 3 St. Dr. *Steitz.*

Deutsch: Aufsätze. Hermann und Dorothea gelesen. Mustergültige Prosa und Poesie wurde memorirt. 1 St. *Battenberg.* — Mittelhochdeutsche Formenlehre dictirt, erklärt und geübt. 1 St. Dir. *Mommsen.*

Französisch: Sommer: *Ploetz'* Schulgrammatik. Die Regeln über den Subjonctif. Die Uebungen zum Theil schriftlich. *Lüdecking* II. Bilder aus dem Volks- und Naturleben. Winter: *Ploetz'* Schulgrammatik Lect. 55—65. Die Uebungen zum Theil schriftlich. Extemporalien. *Lüdecking* II. Mehrere poetische Stücke. *Molière*, le Bourgeois gentilhomme. Sprechübungen. 2 St. *Caumont.*

Englisch: (2 St.) Sommer: *Plate*, Grammatik 32—48. Die Uebungen zum Theil mündlich, zum Theil schriftlich. Lectüre: *Washington, Irving's* Sketch-Book. — Winter: Grammatik, Lect. 37 bis zu Ende. Die Uebungen wie oben. Lectüre: Fortsetzung von *W. Irving's* Sketch-Book. Sprechübungen. *Caumont*.

Hebräisch: Die Elementarlehre und ein Theil der Formenlehre. *Seffer's* Elementarbuch. 2 St. Dr. *Auerbach*.

Geschichte: (Mit Ober-Secunda vereinigt.) a) Geschichte der neueren Zeit bis auf die Regierung Friedrichs d. Gr. b) Repetition der griechischen Geschichte bis auf das Eingehen der alexandrinischen Reiche in das römische. 3 St. Prof. *Creizenach*. Für die katholischen Schüler: 1) Repetition der griechischen Geschichte. 2) Geschichte des Mittelalters seit den salischen Kaisern. 3 St. Prof. *Janssen*.

Mathematik: a) Geometrie: Fortsetzung der ebenen Geometrie, insbesondere Lehre von den Parallelogrammen und vom Kreise (II. Abschnitt). Inhaltsberechnung ebener gradliniger Figuren. Anfang der Aehnlichkeitslehre. Constructionsaufgaben. 2 St. b) Arithmetik: Fortsetzung der allgemeinen Arithmetik, insbesondere Partialdivision, Zerlegen in Factoren, Heben und Gleichnamigmachen von Brüchen. Gleichungen des ersten Grades mit einer Unbekannten. Potenzlehre. Quadratwurzelausziehen. 2 St. *Raabe*.

Physik: (Im Sommer): Geschichtliche und sachliche Einleitung. Allgemeine Eigenschaften der Körper- und Grundgesetze. 1 St. Prof. *Oppel*.

Mathem. Geographie: (Im Winter): Anfangsgründe. 1 St. Prof. *Oppel*.

Ober-Secunda.

Classenlehrer: Prof. Dr. **Genthe.**

Religionslehre: Siehe Unter-Secunda.

Lateinisch: Horatii carm. I.—III. fast vollständig; carm. saec. Einige Oden wurden memorirt. 2 St. Prof. *Riese*. — In Prosa: Cicero de amicitia und pro Sestio. (Stilistische und phraseologische Repetitionen.) 3 St. Livius XXIII—XXV. 3 St. — Wöchentliche Extemporalien, die memorirt wurden. Exercitia nach *Süpfle* II. Anleitung zu Aufsätzen. Uebungen im Lateinsprechen. Grammatische Repetitionen. 2 St. Prof. *Genthe*.

Griechisch: Herodot lib. IX, 80 bis aus; I—140 in 2 St., Homer. Odyssee o, 221 bis τ incl. 2 St. Prof. *Rumpf*. Plato Apologie u. Crito. 1 St. Griechische Grammatik: *Krüger*, §§ 55—58. Wöchentlich Exercitien und mündliche Uebersetzung aus *Haacke's* Materialien No. 1—10, Domestica aus Caes. bell. Gall. V, 7—15. 2 St. Dr. *Steitz.*

Deutsch: Aufsätze. Disponirübungen. Rhetorik. Einführung in die Technik des Dramas im Anschlusse an die Lectüre von Schiller's Wilhelm Tell. Vorträge mit Bezug auf die Classenlectüre. 1 St. Prof. *Genthe.* — Walther von der Vogelweide. Grammatische Repetition. 1 St. Dir. *Mommsen.*

Französisch: Sommer: *Ploetz'* Schulgrammatik Lect. 68—74. Schriftliche und mündliche Uebungen. Extemporalien. *Thiers,* Campagne d'Egypte. Winter: *Ploetz'* Schulgrammatik Lect. 74 bis zu Ende. Die Uebungen zum Theil schriftlich. *Racine,* Athalie. Sprechübungen. 2 St. *Caumont.*

Englisch: (siehe Unter-Secunda).

Hebräisch: Die wichtigsten Theile der Formenlehre wurden theils wiederholt, theils neu erklärt und eingeübt. (*Seffer's* Elementarbuch.) Die in den Uebungsstücken vorkommenden Wörter wurden memorirt. Gelesen und erklärt wurden: Gen. 37—39. Exod. 2 u. 3. Psalm 1 u. 8. 2 St. Dr. *Auerbach.*

Geschichte: (siehe Unter-Secunda).

Mathematik: a) Geometrie (2 St.): Fortsetzung und Vollendung der ebenen Geometrie (Planimetrie), insbesondere Aehnlichkeitslehre und Kreisberechnung. Prof. *Oppel.* b) Arithmetik (2 St.): Fortsetzung der allgemeinen Arithmetik, Wurzelausziehung. Beginn der niederen Algebra (Gleichungen des 1. Grades) nebst Anwendung auf mannigfache Aufgaben. Prof. *Oppel.*

Physik: (im Sommer): Schwere und allgemeine Gravitation, nebst Anwendungen. 1 St. Prof. *Oppel.*

Mathem. Geographie: (im Winter): Anfangsgründe (fortgesetzt). 1 St. Prof. *Oppel.*

Prima.

Classenlehrer in Unterprima: Prof. Dr. **Rumpf,** in Oberprima: Dir. **Mommsen.**

Religionslehre: Evangelisch-protestantische: 1 Petrusbrief im Urtext gelesen. 1 St. Einleitung zu den Büchern des Neuen Testaments. 1 St. Repetition der früheren Curse. Memoriren einzelner Psalmen. 2 St. *Battenberg.*
Katholische s. Untersecunda.

Lateinisch: *Unter- und Oberprima:* Gelesen und erklärt wurden: Tacitus, Annal. IV, 62 — XII, 41. 3 St. Dir. *Mommsen.*

Unterprima: Cicero de oratore I und II bis cap. 54. 2 St. Prof. *Rumpf.* Horat. Oden und Epoden (theilweise repetirt); im Winter Epistolae I—XVI incl. 2 St. Prof. *Rumpf.* Wöchentliche Stilübungen, von Zeit zu Zeit auch Aufsätze.

1 St. Prof. *Rumpf.* Lateinisches Extemporale. Exercit. aus Süpfle II. Anleitung zum Disponiren etc., latein. Sprechübungen. 1 St. Prof. *Rumpf.*

Oberprima: Cicero post reditum I. II. III. Quintilianus X. 1—6. 2 St. Wöchentliche Extemporalien. Exercitien aus *Süpfle* II. Grössere Aufsätze. Häufige kleinere stilistische Versuche. Disponirübungen mit Ausführung einzelner Theile. Uebungen im Lateinsprechen. Disputationen. 2 St. Prof. *Genthe.* — Horat. Satirae (grösstentheils), Epist. lib. II. 2 St. Dir. *Mommsen.*

Griechisch: *Unter- und Oberprima:* Homeri Ilias II, 494—XI. 2 St. Prof. *Rumpf.* *Unterprima:* Demosthen. orat. selectae ed. Westermann, die 3 Olynthischen Reden, ganz. — Euripides, Medea; im Sommer 2, im Winter 3 St. Prof. *Rumpf*; im Sommer: Lysias or. contra Eratosthenem. 1 St. Dr. *Steitz.* — Exercitia nach Sallust, Livius, und öftere Extemporalia, mündlich *Haacke* 1—25 incl. 2 St. Prof. *Rumpf.*

Oberprima: Soph. Antigone. — Thucyd. VI, 1—67. — Aristoph. Nubes. — 3 St. Dir. *Mommsen.* — Wöchentliche Exercitia meistentheils nach *Haacke*, Materialien. Extemporalia, mündlich (*Haacke*, Mat. 1—46 incl.) jede Woche, ausserdem mehrfach schriftlich. 2 St. Dir. *Mommsen.*

Deutsch: Einführung in die geschichtliche Grammatik der deutschen Sprache, sowie in die Metrik. — Literatur der althochdeutschen Zeit, mit Sprachproben. Mittelhochdeutsche Dichtung (das Nibelungenlied wurde vollständig durchgenommen). Stilistische Arbeiten. 3 St. Prof. *Creizenach.*

Französisch: *Unterprima:* Sommer: *Ploetz'* Schulgrammatik Lect. 75 zu Ende. Die Uebungen meistens schriftlich. *Molière* L'avare zu Ende. Choix de nouvelles du XIX siècle. — Winter: *Ploetz'* Schulgrammatik. Wiederholung Lect. 1—39. Die Uebungen mündlich. Extemporalien. *Guizot*, Washington, étude historique. Sprechübungen. 2 St. *Caumont.*

Oberprima: Sommer: *Ploetz'* Schulgrammatik Lect. 65—75. Die Uebungen z. Th. schriftlich. *Michaud*, Histoire de la première croisade. Kurze Darstellung der Geschichte der französischen Sprache. — Winter: *Ploetz'* Schulgrammatik 75 zu Ende. Schriftliche und mündliche Uebungen. Extemporalien. Fortsetzung von *Michaud*. *Molière*, les Femmes savantes. Geschichte der französischen Literatur. Sprechübungen. 2 St. *Caumont.*

Englisch: *Plate's* Grammatik, 2te Stufe, Lect. 28—40. Die Uebungen z. Th. mündlich, z. Th. schriftlich. — *Macaulay*, Essay on Milton. *W. Scott*, The Lady of the Lake, Canto 1 u. 2. Sprechübungen. 2 St. *Caumont.*

Hebräisch: Gelesen und erklärt wurden: Gen. 22—31, 45—50. Psalmen 23, 27,

42, 43, 46, 104, 139. Sprüche 31. Jes. 6, 10, 14. Wiederholung der Grammatik. 2 St. Dr. *Auerbach.*

Geschichte: Neuere Zeit bis 1815. Wiederholung der griechischen und römischen Geschichte; Ueberblick der römischen Staatsalterthümer. 3 St. Prof. *Creizenach.* Für die katholischen Schüler: 1) Geschichte der neueren Zeit von 1740—1866. 2 St. 2) Repetition der römischen Geschichte und Staatsalterthümer. 1 St. Prof. *Janssen.*

Mathematik: *Unterprima:* a) Geometrie (2 St.): Fortsetzung und Vollendung der Stereometrie. b) Arithmetik (2 St.): Weitere Uebungen über quadratische Gleichungen; diophantische Aufgaben; Grenzbestimmungen mittelst Ungleichungen; Rechnen mit Potenzen und Wurzeln, Rationalmachen der Nenner. Prof. *Oppel.*

Oberprima: Fortsetzung und Anwendung der Logarithmenlehre, Vollendung der ebenen Trigonometrie, Anfangsgründe der Syntaktik nebst Anwendung auf den binom. Lehrsatz, Zinseszinsrechnung etc. 2 St. Prof. *Oppel.*

Physik: Repetition der wichtigsten Lehren der Statik und Mechanik, Hydrostatik und Akustik, speciellere Behandlung der Lehre vom Magnetismus, Electricität, Galvanismus, Electromagnetismus etc. 2 St. Prof. *Oppel.*

Privatstudien (Studientag): 2 St. Dir. *Mommsen.*

Von den 28 Primanern wurde Folgendes gelesen:

Oberprima:

1. *Caesar*, b. civ. III; — *Sophocles*, 4 Stücke (El. Oed. Col. Oed. R. Trach.)
2. *Aristoph.* Ran. — Repetition der Griech. Gr.; — *Cic.* Div. in Caecil. — in Verrem IV; — *Horat.* Od. repetirt.
3. *Horat.* Od. III. IV; — *Sophocl.* Aiax; — *Plauti* Captivi; — *Pindar* und andere Lyriker und *Theokrit* (nach Stoll's Anthologie).
4. *Tacit.* Germ.; — *Lysias*, 6 Reden; — *Aristotel.* de anima I. II.
5. *Tacit.* Histor. III. IV. V; — *Joseph.* Bell. Jud. 1, 1—10; — *Horat.* Epist. (repet.).
6. *Caesar*, bell. civ. — *Tacit.* Agric. — Germ.; — *Homer.* II. I—VI (repet.);— *Cic.* Philipp. V—VII; — *Terent.* Andria (z. Th.)
7. *Caesar*, bell. Gall. V, 44 — zu Ende: — *Aristoph.* Ranae; — *Cic.* Div. in Caecil; — *Horat.* Od. (repet.).
8. *Xenoph.* Anab. III (Rückübers.) und Griech. Gramm.; — *Cic.* Laelius; — *Demosth.* de corona (reichl. die Hälfte); *Horat.* Od. (repet.).

9. *Tacit.* Germ.; — *Sophocl.* Oed. Col.; — *Pindar* und andere Lyriker und *Theokrit* (nach Stoll's Anthologie).
10. *Vergil.* Aeneid. V; — *Platon.* Symposion; — *Cic.* Divin. in Caecil.; — *Horat.* Od. (repet.).
11. *Aeschyli* Persae; — *Sophocl.* Electra; — *Horat.* Od. et Epist. (repet.).
12. *Xenoph.* Anab. II — zu Ende; — *Thucyd.* I, 1—42 (z. Th. mit Rückübersetzung).
13. *Sueton.* Tiber. — Calig.; — *Horat.* Od. (repet.).
14. *Luciani* Gallus; — *Quintil.* lib. X; — *Lysias*, 5 Reden; — *Isocr.* Panegyricus; — *Horat.* Epist. (repet.)
15. *Homer.* Il. XIX — zu Ende; — *Lysias*, 4 Reden: — *Cic.* Laelius; — *Hom.* Il. XIII. XIV.

Unterprima:
1. *Hom.* Od. XV — zu Ende; — *Tacit.* Histor. (ganz).
2. *Cic.* de republ.; — *Gothisch*, Gramm. nach Stamm — Ulfil. Ev. Matth. 5—8.
3. *Hom.* Od. XV — zu Ende; — *Tacit.* Germ.; — *Lysias*, 3 Reden; *Tacit.* Ann. I. II (z. Th.)
4. *Hom.* Od. XV — zu Ende; — *Demosth.* Phil. I—III. — de pace — de Chersoneso — de corona (Anfang).
5. *Hom.* Od. XV — zu Ende; — *Xenoph.* Hellen. I. II; — *Tac.* Ann. I. II.
6. *Hom.* Od. XV — zu Ende; — *Mittelhochdeutsch:* Walther v. d. Vogelw. (nach Wilmanns).
7. *Hom.* Od. XV — zu Ende; — Thucyd. I.
8. *Gothisch*, Gramm. nach Stamm — Ulfil. Matth. Marc. Luc.
9. *Hom.* Od. XV — zu Ende; — *Xenoph.* Anab. I. II; — *Eurip.* Hippol.; — *Cic.* Catil. I.
10. *Hom.* Od. XV — zu Ende; — *Tacit.* Germ.; — *Demosth.* de pace; — *Eurip.* Hippol.; — *Tacit.* Agric. (z. Th.).
11. *Althochdeutsch*, Gramm. und Lesestücke nach Hahn — Wilh. Wackernagel, Ahd. Leseb. col. 149—359.
12. *Hom.* Od. XV — zu Ende: — *Platon.* Phaedon; — *Tacit.* Ann. I.
13. (Herbst 1874 eingetreten) *Tacit.* Ann. I; — *Demosth.* Olynth. I—III; - *Platon.* Apolog. (z. Th.)

Ausserdem wurde der Unterricht im Zeichnen während des Sommers und Winters durch alle Classen (von Sexta bis Quarta incl. obligatorisch) in 10 Stunden von Herrn *Hoeffler*, im Singen in 6 Stunden in den unteren und den mittleren Classen von Herrn *Mauss*, im Schreiben in den beiden unteren Classen in 6 Stunden von Herrn *Gräf* ertheilt. Die Combinationen der Mittelclassen im Zeichen- und Singunterricht mussten wegen der grossen Frequenz derselben aufgegeben werden, so dass die beiden Tertien nur je eine Zeichenstunde (statt 2), Untertertia und Quarta nur je eine Singstunde (statt 2) wöchentlich erhielten.

Das Turnen wurde in 14 wöchentlichen Stunden von Herrn Turninspector *Danneberg* geleitet. In den unteren und mittleren Classen fanden die Frei- und Ordnungsübungen mit den Geräthübungen gleiche Berücksichtigung, während in den oberen Classen die ersteren mehr zurücktraten und meistens in Verbindung mit Hantel- und Stabübungen betrieben wurden. In der Prima trat nebenbei auch das Stossfechten auf. Turnspiele wurden in allen Classen vorgenommen.

Am 5. Juni machten sämmtliche Schüler des Gymnasiums nach verschiedenen Gegenden grössere Ausflüge in Begleitung von Lehrern: I. nach Münster am Stein, II.a nach Einsiedeln, II.b nach Weinheim und Heppenheim, III.a nach Lindenfels, III.b und IV. nach dem Rossert, V. und VI. nach dem Frankfurter Wald.

Zahl der Schüler des Gymnasiums:

	I.	II.	III.a	III.b	IV.	V.	VI.	Summa.
Von Ostern bis Herbst 1874 . .	27	36	37	41	47	35	36	259
Von Herbst 1874 bis Ostern 1875	28	36	39	43	49	39	37	271

Das Sommersemester beginnt Montag den 5. April mit der Aufnahmeprüfung der neueintretenden Schüler. Die vierwöchentlichen Sommerferien nehmen Montag den 5. Juli ihren Anfang.

— 64 —

Zu der bevorstehenden Prüfung und zur Progressions-Feierlichkeit, welche diesmal zugleich die Vorfeier des Kaiserlichen Geburtstags sein wird, beehre ich mich die verehrlichen Behörden wie auch alle anderen Freunde und Gönner des Gymnasiums, insbesondere die hochgeschätzten Eltern der Schüler ergebenst einzuladen.

Anordnung der Prüfungen
im Classenzimmer II.
Dienstag, den 16. März 1875.

Vormittags.
- I^a. 9—10 Sophocles .... *Mommsen.*
- I^b. 10—10$^1/_2$ Mathematik ... *Oppel.*
- 10$^1/_2$—11 Cicero ...... *Rumpf.*

Nachmittags.
- II^a. 3—3$^1/_2$ Deutsch ..... *Genthe.*
- 3$^1/_2$—4 Horaz ...... *Riese.*
- II. 4—4$^1/_2$ Geschichte .... *Creizenach.*
- II^b. 4$^1/_2$—5 Cicero. ..... *Steitz.*

Mittwoch, den 17. März.

Vormittags.
- III^a. 9—10 Xenophon .... *Eberz.*
- 10—11 Mathematik ... *Raabe.*

Nachmittags.
- III^b. 3—4 Griechisch ..... *Riese.*
- 4—5 Französisch .... *Caumont.*

Donnerstag, den 18. März.

Vormittags.
- IV. 9—10 Griechisch .... *Battenberg.*
- V. 10—11 Lateinisch .... *Jekel.*

Nachmittags.
- VI. 3—4 Lateinisch ..... *Trommershausen.*
- 4—5 Turnen ...... *Danneberg.*

Progressions-Feierlichkeit im Kaiser-Saale.
(Zugleich Vorfeier des Kaiserlichen Geburtstags.)
Freitag, den 19. März um 3 Uhr Nachmittags.

Gesang.
Festrede des Herrn *Battenberg* (Antrittsrede).
Versetzung und Preisvertheilung in VI. und V.
Philipp Bayrhoffer II^a: Klopstocks Oden.
Versetzung und Preisvertheilung in IV. und III.
Karl Bopp: Die Mathematik bei den alten Griechen.
Versetzung und Preisvertheilung in II. und I.
Heinrich Kreuzmann: de Homero totius generis humani poëta.
Entlassung der Abiturienten.
Gesang.

T. Mommsen, Dr.